城镇化背景下
山东省生活能源消费研究

刘豆豆
（山东财经大学管理科学与工程学院）
张　峰　　著
（山东省环境保护科学研究设计院有限公司）
乔　梁
（山东省住房和城乡建设发展研究院）

中国环境出版集团·北京

图书在版编目（CIP）数据

城镇化背景下山东省生活能源消费研究/刘豆豆，张峰，乔梁著. —北京：中国环境出版集团，2021.6

ISBN 978-7-5111-4614-4

Ⅰ. ①城… Ⅱ. ①刘…②张…③乔… Ⅲ. ①能源消费—研究—山东 Ⅳ. ①F426.2

中国版本图书馆 CIP 数据核字（2021）第 017696 号

出 版 人　武德凯
责任编辑　侯华华　王宇洲
责任校对　任　丽
封面设计　宋　瑞

出版发行　中国环境出版集团
（100062　北京市东城区广渠门内大街 16 号）
网　　址：http://www.cesp.com.cn
电子邮箱：bjgl@cesp.com.cn
联系电话：010-67112765（编辑管理部）
010-67112735（第一分社）
发行热线：010-67125803，010-67113405（传真）
印　　刷　北京中献拓方科技发展有限公司
经　　销　各地新华书店
版　　次　2021 年 6 月第 1 版
印　　次　2021 年 6 月第 1 次印刷
开　　本　787×960　1/16
印　　张　11
字　　数　190 千字
定　　价　43.50 元

序 言

当前，城镇化正进入快速发展期。城镇化发展方式及其对产业结构的影响，势必会带动能源供应结构和消费结构的调整，不仅对能源供应体系建设和能源发展提出了新的要求，也对节能减排工作提出了更高的目标。如何深刻认识新型城镇化对能源消费总量带来的影响，在不透支生态环境的前提下积极稳妥地推进新型城镇化健康发展，实现能源、资源节约和生态环境质量提高的双重目标，是当前必须解决的重大课题。城镇化背景下生活能源消费研究，旨在通过调研摸清当前城乡居民的用能现状，分析论证城镇化对能耗增长的影响，同时对新型城镇化提出相应的节能措施，为政府部门制定相关节能政策提供参考。

本书首先采取问卷调查、面访调查、资料查阅、征求行业专家意见等方式，选取山东省的济南、青岛、潍坊、济宁、菏泽 5 个设区的市和章丘、即墨、胶州、寿光、诸城、邹城、曲阜、郓城 8 个县（市、区）作为代表，对当前城乡生活能源消耗现状进行了详细调查，摸清城乡居民生活的用能种类、用能量和用能结构，分析城乡居民生活用能差异，探究城乡居民节能意识与能源消费习惯。其次，从生活能源消费量、消费品种构成、消费强度等方面，对山东省生活能源消费变化趋势进行回顾分析。再次，采用多元线性回归模型和 LMDI 分解方法针对城镇化发展对生活能源消费的影响进行系统分析，并在此基础上，采用时间序列预测法、灰色预测法、二次指数平滑预测法以及组合权重法等对山东省未来城镇化水平进行预测分析，应用情景分析法对城镇化进程中山东省生活能源消费增量进行研究分析。最后，本书结合研究结果，针对城镇化背景下应如何有效降低生活能源消费影响提出了对策建议，以期为山东省节能工作提供参考。

在研究过程中，山东大学能源与动力工程学院袁学良教授、王庆松教授、汤宇宙博士研究生，山东省住房和城乡建设发展研究院徐响高级工程师、刘达光研究员等提供了大力支持和帮助，我们在此表示诚挚的谢意！由于研究尚不充分，本书还存在一些不足之处，恳请读者批评指正。

作　者

2019 年 11 月

目　录

第 1 章　绪 论

1.1　研究背景与意义

1.1.1　研究背景

山东是经济大省，也是能耗大省，经济结构偏重，能源结构单一，煤炭消耗量占一次能源消耗量的 80%，火力发电占全省装机总量的 90%，二氧化硫、二氧化碳及粉尘排放量大，环境治理形势日趋严峻。山东省已经出台了一系列政策措施，并加大落实力度，虽取得了一定的积极成效，但距节能工作任务目标还有一定差距，主要表现在：人员业务素质、政策执行、监测分析、监督落实等能力有待进一步提升；节能政策法规体系、技术服务体系、企业能源管理体系、政府信息监控体系以及科技支撑体系还不够完善。

1995—2016 年，山东省常住人口城镇化率从 31.90%提升到 59.02%，年均提高 1.29 个百分点，户籍城镇化率达到 49.04%。城镇化是经济发展和社会进步的必然结果，我国正进入城镇化快速发展期。城镇化发展方式及其对产业结构的影响，势必会带动能源供应结构和消费结构的调整，不仅对能源供应体系建设和能源发展提出了新的要求，也对节能减排工作提出了更高的目标。如何深刻认识新型城镇化对能源消费总量带来的影响，在不透支生态环境的前提下积极稳妥地推进新型城镇化健康发展，实现能源、资源节约和生态环境质量提高的双重目标，是当前必须解决的重大课题。因此，做好城镇化发展对山东省生活消费影响的研究，对有效指导城镇化领域乃至全省节能工作具有重要意义。

城镇化进程对山东省生活能源消费影响这一研究工作，主要是通过调研分析当前城乡用能差距，找出存在这些差距的原因，分析论证城镇化对山东生活能源消费的影响。同时，对新型城镇化提出相应的节能措施，为制定相关节能政策奠定基础。

1.1.2 研究意义

能源是国民经济发展的重要支撑，是社会发展的基础条件，在提高人民生活水平等方面也发挥着积极作用。城镇化是促进山东省经济社会持续健康发展的迫切需要，是加快建设经济文化强省的重大战略，是转变经济发展方式的重要支撑，是解决“三农”问题的重要途径，也是促进社会全面进步的必然要求，对加快建设经济文化强省具有重要的现实意义和深远的历史意义。伴随着农村人口向城镇转移，居民收入水平、生活方式和消费模式等都将发生转变，这必然对能源消费提出更高的要求。当前，城镇化所导致的能源消费变化问题已引起越来越多的关注。研究城镇化水平快速增长对山东省生活能源消费产生怎样的影响，并掌握城镇化进程中未来生活能源消费增量情况，为制定相关政策措施提供参考具有重要意义。

1.2 国内外生活能源消费研究综述

1.2.1 相关概念界定

1. 城镇化率

城镇化率是一种反映人口结构变化的参数，指城镇人口（非农业人口）占总人口的比例。其中，常住人口城镇化率是指城镇常住人口数占常住人口总数的比例；户籍人口城镇化率是指城镇公安户籍人口数占公安户籍人口总数的比例。本书的城镇化率主要指常住人口城镇化率。

2. 能源

能源是一种以多种形式呈现的、在不同形态之间转换能量的资源，是自然界赋予的已经查明和推定的能够提供热、光、动力和电能等各种形式能量的来源。按照能否进入能源市场作为商品销售，可将能源分为商品能源和非商品能源。按照能源的产生方式，即是否需要加工转换形成，又可将能源分为一次能源（直接从自然界取得）和二次能源（经加工后取得）。根据能否循环使用，可将能源分为可再生能源和不可再生能源。可再生能源是指可以不断再生、相对于人类历史而言是可永续利用的一种自然资源，如太阳能、风能、水能、生物质能等；不可再生能源是指一旦消耗即难以在可预定的时期内再生成，这类能源随着人类的利用逐渐减少，如石油、煤炭、天然气、天然铀矿、核能等。

3. 生活能源

生活能源是指居民为满足自身炊事、洗浴、采暖、照明、文化娱乐等生活需要所消费的各种能源，主要包括煤、油、液化石油气、电等商品能源；秸秆、薪柴等可再生的生物质能源；沼气、水能、太阳能、风能等现代高效可再生能源。从用途来看，电能用途最广，各方面都可使用；生物质能、煤炭用于炊事、洗浴和采暖；液化石油气用于炊事和洗浴；太阳能用于洗浴和采暖；沼气用于炊事和照明；水能、风能一般是转化为电能使用。

4. 能源消费

能源消费是指家庭或企业对能源的利用或使用，其中包括个人和家庭的生活能源消费，农业、工业、服务业、交通运输业等领域的能源投入以及各种能源形式间的能源转换与损失。能源消费主要有两种形式：一种是中间消费，是指用于加工和转换的能源消费；另一种是一次性直接能源消费，又称终端能源消费，是指不用中间加工转换，而直接投入生产和非生产活动中的消费。终端能源消费是指终端用能设备入口得到的能源，一般其消费量等于一次能源消费量减去能源加工、转化和储运等中间环节的损失和能源工业所用能源的量。按照能源的终端用途可将能源消费分为生产能源消费和生活能源消费。

5. 生活能源消费

生活能源消费是终端能源消费的一种，是指用于居民生活各个方面的用能需求，也称家庭能源消费，消费途径有家庭照明、炊事、取暖降温、交通出行、娱乐、医疗等，主要包括家用电器、房屋采暖、炊事热水、照明、交通等方面的能源消费[1]。生活消费的能源可分为商品能源和非商品能源，商品能源主要指可通过市场购买到的煤、油、电力、热力等能源，非商品能源消费主要指使用薪柴、秸秆、牲畜粪便等传统能源[2]。

生活能源消费按照消耗的具体方式可分为居民直接能源消费和居民间接能源

消费。居民直接能源消费包括居民直接生活用能和交通用能，居民直接生活用能是指居民因照明、炊事、取暖、家用电器使用等方面消耗的能源，交通用能是指居民在使用交通工具过程中消耗的汽油、柴油等燃料；居民间接能源消费主要是指居民因食品、衣着、家庭设备用品及服务、教育文化娱乐服务、医疗保健、交通通信、居住、其他商品和服务八大消费项的支出所消耗的能源[3,4]。

本研究的城乡能源消费指的是城镇和农村的直接能源消费，具体包括住宅能源消费和交通能源消费两种。其中，住宅能源消费主要包括照明、炊事、制冷、制热、家用电器等方面的能源消费；交通能源消费主要指家庭汽车、摩托车消耗的汽油燃料消费。

1.2.2　国内外生活能源消费研究概况

1．国外研究现状

国外有大量研究能源消费和城镇化之间关系的相关文献。Jones 对 59 个发展中国家进行了横截面回归分析，同时证明城市化是增加消费的一个重要原因[5]。Dahl 等简单讨论了城市化和工业化水平对发展中国家能源需求的影响[6]。Parikh 等开发了一种固定效应模型用来定量评估城市化对能源消费的影响[7]。然而，在许多地区能源消费与城市化之间存在强烈的负相关，如加拿大有很多城市化地区有着较低的人均能源消费量[8,9]。Lenzen 等比较城市化对澳大利亚、巴西、丹麦、日本和印度的影响后发现，同一时期不同国家的城市化对能源消费的影响是不同的[10]。Pachauri 等比较了印度和中国家庭能源消费情况，发现农村家庭能源消费总量超过了城市[11]。Odum 等将复杂的城市与能量流联系起来[12]。Odum 等也测试了基于化石燃料的人口水平能源需求和城市的能源特点[13]。Halicioglu 采用自回归分布滞后模型（ARDL）的方法研究了土耳其在 1968—2005 年的国内生产总值（GDP）和城镇化，得出能源消费和能源价格之间的因果关系[14]。

2．国内研究现状

（1）城乡生活能源消费研究综述

1）城镇居民生活能源消费

当前国内对城镇居民生活能源消费的研究主要集中在能源消费结构、能源消费量（需求）、影响因素、能源消费行为以及能源消费心理等方面。

傅定法等通过对浙江省城市家庭能源消费量的预测、消费结构和模式演变进程的研究，探讨了 21 世纪浙江省城镇家庭能源消费的可能模式[15]。樊静丽等对我国居民生活用能特征进行了研究，结果显示：城镇家庭煤炭消费比重明显降低，由 1986 年的 89%下降到 2007 年的 13%；天然气、电力以及热力成为城镇家庭能源消费的主体，占到 50%以上；城镇家庭能源消费格局由“煤炭为主”转变为“以清洁能源为主，煤炭为辅”[16]。Chen 等分季节对中国城市居民建筑能源消费的特征进行了研究，结果显示：城市地理位置、房屋个体特征、空调和热水器使用、家庭特征、对室内温度的主观测度都是夏季能源消费的影响因子。冬季的能源消费也有显著的地区特征，北方城市取暖是冬季能源消费的主要部分，家庭收入是能源消费的主要影响因素[17,18]。Zhou 等利用 2007—2009 年四川省的调查数据，对中国城市居民电力消费需求进行估计，结果发现：家庭电力消费的价格和收入弹性都很低，因此阶梯电价的级差应较大才有效；对高能效家电的补贴和折扣可以帮助加速低能效家电的淘汰及节省用电[19]。孙岩等采用问卷调查和访谈的方法，以沈阳市和大连市两地 705 位城市居民为样本，通过对能源消费行为和能源消费心理的聚类分析，将城市居民分为低碳型、中间型和高碳型三类群体。研究发现，不同类型的城市居民群体在性别、年龄、家庭人口数、家庭类型、家庭收入、家中是否有儿童和家中是否有老人这 7 种家庭异质性因素上均存在显著差异：女性、年轻的和家庭规模较大的城市居民多为低碳型；低收入家庭的城市居民多为低碳型，高收入家庭的城市居民多为高碳型；一“老”一“小”是中国城市居民能源消费中的关键角色[20]。杨亮等采用信息熵等理论方法，研究了上海市 1997—2009 年城镇居民直接生活能源消费结构的演变趋势，结果显示：1997—2009 年上海市在家庭能源消费总量增长的同时，消费结构也发生了深刻变化。城镇家庭能源消费系统经历了由无序向有序演变的过程，主要表现为以煤炭为主逐渐转换成油、气、电“三足鼎立”的能源消费结构，生活能源消费结构已呈现燃油化的发展趋势[21]。孙涵等通过研究发现，城镇家庭能源消费行为选择倾向于清洁化、便利化[22]。

2）农村居民生活能源消费

农村能源消费是中国能源消费体系的重要组成部分，也越来越受到国内政府部门、专家、学者的广泛关注。现有关农村家庭能源消费的研究多集中于农村能源消费结构、农村地域差异、各种能源替代以及农村能源政策等方面[23]。

王效华等从农村能源消费的角度研究了我国农村家庭的能源消费指标体系，收入水平对其能源消费结构的影响[24]。朱四海通过梳理我国农村能源政策的演变，认为农村能源在国家能源战略问题中被简化了，农村能源政策目标的多元化使得农村能源的发展受到束缚[25]。李广全等通过对中国 29 个省（区、市）的农村生活能源消费进行因子和聚类分析，发现中国农村家庭能源消费的区域差异十分明显，呈现以华北—西南地区为轴线向两边逐渐递减的趋势，空间格局分布以农村人口、区域自然资源和经济水平为主导指向[26]。张咪咪通过计算 2000—2007 年中国农村居民食品、衣着等八项消费支出的间接能耗消费系数，发现技术水平的改进是降低能耗的关键因素[27]。杨玉含等根据与青海省城乡家庭能源消费相关的 8 个部门的能源消费数据，评估了 2000—2008 年城乡家庭能源消费及碳排放，研究结果显示：青海省城镇与农村居民生活用能在总量和人均水平上均相差很大，城镇居民产生的碳排放远高于农村居民。其中，城镇居民生活用能主要集中在食品、娱乐教育文化服务和服装 3 个部门；而农村居民生活用能主要集中在食品、居住和交通通信 3 个部门；如果青海省农村居民能源消费水平达到青海省城镇居民能源消费的最低水平，会引起能源消费量及碳排放的急剧增加[28]。徐瑶在全国 7 省农村家庭抽样调查问卷所得的数据基础上，利用线性支出模型对农村家庭能源消费的结构现状进行分析，研究表明：农村家庭能源消费已经步入商品化时期，但非商品能源的消费并未停止；煤炭、电力以及液化气等商品能源的消费随家庭收入的增加而增加，而非商品能源（薪、柴）沦为劣等品，其消费随家庭收入的增加而减少；电力以及煤炭的家庭人均消费支出较多；薪、柴、煤炭、电力以及液化气的需求都随着自身价格的上升而减少；煤炭、电力以及液化气等商品能源间存在互补关系，薪、柴与其他种类的能源之间存在明显的替代关系[29]。

Wang 等采用 1980—1996 年中国农村家庭能源消费的水平及结构数据对中国农村家庭能源消费的阶段和特征进行了分析，研究发现：中国农村家庭能源消费分为三个阶段，即能源短缺、基本充足的能源供给、商业能源消费的快速增长，并分析了这三个阶段的基本特征；中国农村家庭能源消费水平与结构和家庭收入有着密切的关系[30]。Chen 等基于 2000 年江西省三个村的调查数据，采用简化型方程、OLS 回归和 Tobit 回归研究了中国农村能源消费问题，结果显示：在离市场近的两个村子，离树林的距离与煤炭消费量正相关，与薪柴收集量负相关；但在偏远地区的村子，离树林的距离对薪柴收集量没有影响，在离市场近的两个村子，提升了薪柴消费量。在偏远地区，耕地面积对薪柴消费量有正向影响，受过教育的家庭成员数目对薪柴消费量有负向影响[31]。Yao 等基于 2001—2008 年国家统计局和农业部的能源消费数据，研究了中国农村居民能源消费及碳排放问题，结果显示：农村居民转向商业能源消费的主要驱动力是收入水平，农村居民的能源消费结构带来的二氧化碳排放量也显著上升。为了实现能源供给充足及二氧化碳减排的目标，提出应改变农村居民能源消费的结构并提升能源效率，如使用可再生技术发电及用现代生物燃料取代煤炭作为烹饪和取暖的主要能源[32]。Liu 等采用 OLS 回归及 Logit 回归，探究了中国北方农村家庭的能源消费特征及低碳发展的潜力。研究发现：电力消费与家庭规模有正相关关系，且系数为 0.776（小于 1，反映了规模效应）；农村家庭的能源消费带来的二氧化碳排放将会随着收入和教育水平而提高[33]。

此外，还有学者对城镇和农村家庭能源消费进行了对比研究分析。如 Niu 等基于 2009—2010 年在西部地区黄土高原的家庭调查数据，研究发现收入水平对能源使用有重要影响，如高收入的城镇家庭更多地使用高质量的能源。因此要提升能源使用状况，不仅要增加居民收入，还要加强当地的能源基础设施建设，尤其是农村的供暖措施[34]。

（2）城镇化与生活能源消费的关系研究综述

张传平等基于向量自回归（VAR）模型，分析了城镇化对山东省能源消费的影响，研究发现：城镇化在短期内会导致能源需求增加，在长期内则导致能源需求减少[35]。张欢等根据我国 1989—2009 年的数据，对城镇化导致人均能源消费量的增加进行了实证分析，分析表明，在短期内，城镇化率和人均 GDP 的增加均对能源需求增长起到促进作用；中长期内，城镇化率的提高对能源需求量的影响高于对人均 GDP 的影响，且城镇化率的提高对能源的需求在中期表现出集约和节约效应[36]。褚志明分析了辽宁省 1978—2008 年城镇化发展水平与能源消费水平之间的长期、短期动态关系，发现辽宁省城镇化发展水平与能源消费之间存在长期稳定的双向因果关系[37]。王蕾等采用省际面板数据构建了固定效应面板模型，反映了全国层面我国城镇化、工业化对能源消费的净效应，结果显示，在全国层面，城镇化、工业化对能源消费的净效应为正[38]。林卫斌等建立了人均生活能源需求的函数以探讨城镇化进程对人均生活能源消费的影响，结果显示，城镇化率和人均生活能源需求具有显著的正相关关系，同时城镇化率对生活能源消费的影响具有滞后效应，滞后期为 4 年左右[39]。岳文赫等对山东省城乡居民生活能源消费状况进行分析，结果表明收入增加带动新能源需求量的提升，城镇化与机动化的叠加发展促进油品需求的猛增，农村人口消费方式的转变促使整体生活能源消费水平上升，同时随着城镇化的进程，住宅采暖能耗需求也在加大[40]。

彭明芳对我国中部 6 省居民生活能源消费的时空差异进行统计分析并对产生差异的原因进行相关性分析，得出中部 6 省居民能源消费地区差异明显，其中人均煤炭消费的空间格局差异较大[41]。江凌通过对比我国东部、中部和西部地区生活能源消费影响因素和生活能源消费相关引导政策（如完善阶梯电价、建立绿色能源市场化机制并补贴鼓励节能改造、把控能源消耗产品标准并推广能效标识制度等），发现各地生活能源消费影响因素差异较大，城镇化发展水平不同，居民能源消费水平也不同[1]。何梦琦从区域和时间两个维度对我国近年来城镇化与能源发展的耦合强度与协调程度进行了具体分析，发现城镇化与能源发展耦合协调性强[42]。肖宏伟采用空间计量模型测算城镇化发展对能源消费的影响程度，发现城镇化以多种方式影响周边地区，结果显示城镇化率水平提高，能够促进能源消费减少，对相邻地区的空间溢出效应为正，但不显著[43]。王文蝶等对比我国南北各 14 个省（区、市），发现同一时期不同地区城镇化对能源消费的影响存在南北差异[44]。樊静丽等根据我国东部、中部和西部各区域城镇化与居民生活直接用能变化之间关系，发现各区域不同的城镇化效应导致不同的居民生活直接用能的增长，从绝对量来看，城镇化率提高对中部区域居民生活能源消费的贡献最大；从边际量来看，城镇化率每提高一个百分点，对西部区域生活直接用能增量贡献最大；而中部区域城镇化进程对该区域各类生活能源消费增量的贡献，在各区域中均最大[45]。

郭玉晶构建 ARIMA 模型及 BVAR 模型以研究城镇化的快速发展与能源需求，结果显示中国人口结构与总量、城镇化率与家庭消费水平等众多因子将发生一定程度上的结构变异，进而结构性推高中国家庭生活能源消费总量的预期[46]。王宇澄运用 LMDI 分解法将我国城镇能源消费增长影响因素分解为购买力效应、能源消费结构效应、生活消费结构效应、支出效应、人口效应 5 方面，研究发现：城镇化带来的人口流入和居民购买力增强是推动城镇能源消费增长的最主要原因；随着经济发展水平的提高，城镇居民支出中用于能源密集型产品的比重开始呈现下降趋势；生活消费结构向能源密集型产品的转变不再是导致城镇居民能源消费快速增长的主要因素；同时，能源消费结构的优化有利于促进节约能源消费；能源价格变化对能源消费有一定影响[47]。郭文等通过区域能源消费分解方法，拓展了能源消费分解的 LMDI，引入城镇化与居民消费变量，得出城镇化过程中能源消费的主要人口因素、居民消费效应推动生活能源消费的增长、城镇化带来的技术因素的改善减少能源消费的需求[48]。刘洪涛等构建指数分解分析模型和投入产出结构分解分析模型，得出城镇化促进我国居民直接能源消费持续增长，直接能源消费结构显著改变，居民直接能源消费结构的变化抑制了居民直接能源消费的增长。由于城镇化改变了人们的生活方式，城镇居民比农村居民消费购买更多家电，导致城镇化促进居民总间接能源消费的增长[49]。

（3）能源消费影响因素分析方法综述

1）基于分解技术的能源消费影响因素研究

黄献松运用指数体系建立因素分解模型，对陕西省城市化水平对能源消费的贡献程度进行分解，计算了能源消费中技术进步、经济总量和城市化水平的贡献份额[50]。赵晓丽等采用指数因素分解法研究中国居民能源消费，并将其分解为四大类 18 种能源消费产品[51]。秦翊运用 LMDI 分解模型，将中国居民直接生活能源消费变化的影响因素分解为人口、经济水平、能源效率和能源消费结构因素[52]。郭文等运用 LMDI 分解法将区域能源消费和居民生活能源消费分解为能源结构、能源强度、人口规模、城镇化、居民消费和消费抑制 6 大效应，用于分析其对区域整体能源消费和居民能源消费的影响[48]。樊静丽等为探讨城镇化进程对各区域居民生活直接用能的影响规律，采用 Divisia 指数分解法将居民生活直接用能变化分解为人口增长效应、城镇化率增加效应、城镇居民人均生活用能变化效应和农村居民人均生活用能变化效应[45]。王文蝶采用 LMDI 分解分析法构建了中国居民生活能源消费的因素分解模型，通过计算能源强度效应、生活方式效应和居住面积效应，分析内部家庭因素对居民生活用能的影响[2]。张乐勤运用因素分解模型，将对安徽省能源消费的影响因素分解为技术变动、产业结构变动、城镇化、经济发展和人口变化，测算了城镇化进程对能源消费的贡献份额[53]。刘洪涛等采用指数分解分析模型将居民直接能源消费影响分解为总人口、城镇化率、人均直接能源消费量以及居民直接能源消费结构等因素[49]。关雪凌采用 LMDI 分解法分析城镇化进程中不同要素对能源消费的影响效应[54]。刘满芝等运用 LMDI 分解模型，将 2000—2012 年全国和 29 个省（区、市）的生活能源消费密度变化分解成能源消费结构、能源强度、经济发展水平三个影响因素，并基于影响因素对生活能源消费密度未来变化趋势进行了预测[55]。

2）基于计量经济学方法的能源消费影响因素研究

张传平基于向量自回归（VAR）模型，通过协整检验、脉冲响应函数、方差分解分析了经济发展水平、城镇化、科技水平和产业结构对山东省能源消费的影响[56]。姜金晓选取了居民消费价格指数、生活电力消费占能源消费的比例和城市化率三个因素，建立居民能源消费的需求量和影响因素之间的线性回归方程，分析各因素对居民能源消费的影响程度[57]。王振红等基于 2000—2011 年我国 30 个省（区、市）的面板数据，通过构建 BVAR 模型，利用脉冲响应和方差分解，实证分析了金融发展、城镇化和经济发展对能源消费的动态影响[58]。林卫斌等以居民消费水平指数和城镇化率为自变量，通过引入能源使用成本的变化趋势建立人均生活能源需求函数，研究城镇化率的快速增长对中国生活能源需求的影响[59]。林卫斌通过建立生活用能需求的经济计量模型，研究城镇化进程中人口结构变化和经济发展水平提高对生活用能的影响，在模型设定时引入人口、气温和能源资源禀赋等控制变量，并用 2003—2013 年全国 28 个省（区、市）的面板数据进行了实证检验[60]。陈浩利用 1983—2012 年数据对居民生活能源消费与城镇化水平进行实证分析，发现二者存在长期均衡稳定的关系，同时二者表现为双向格兰杰因果关系，且城镇化对居民生活能源消费的影响更大，方差分解的结果证实城镇化发展对居民生活能源消费具有长期正向影响的作用[61]。

通过梳理上述研究可以看出，当前研究关注点大多是整个社会的能源总消费，对生活能源消费的研究较少。目前有关能源消费和城镇化关系的研究，大多是从我国整体出发来研究，然而我国不同地区的城镇化水平存在很大差异，这种差异引起的能源消费情况也不同。因此，需要从地区层面开展研究，给出基于当地实际的研究结论，为当地主管部门制定能源与节能政策提供决策参考。本研究将把视角具体到地区层面上，以山东省为例，在生活能源现状调研的基础上，研究城镇化对生活能源消费的影响。

1.2.3 国内外节能政策与措施概述

1. 国外城镇化节能措施

（1）国外相关节能政策措施

本研究从节能政策、节能管理、节能财税政策及节能宣传四个方面对日本、美国、英国、德国、法国和荷兰等国家的节能政策措施进行了梳理对比（表1-1）。

表1-1 国外节能政策措施一览表[62]

国家	节能政策	节能管理	节能财税政策	节能宣传
日本	1974年颁布旨在开发新能源、减少石油使用量的《阳光计划》；1978年又制订了发展节能技术的《月光计划》；1979年10月实施了《节约能源法》，并分别于1998年和2003年进行了两次修正；1993年制定了《合理用能及再生资源利用法》；1998年制定了《2010年能源供应和需求的长期展望》，强调通过采用稳定的节能措施来控制能源需求。此外，日本还制定了各种实施细则，如《企业节能准则》（1993年）、《建筑节能准则》（1993年）、《汽车燃料消费标准》（1993年）等	2001年初日本中央政府机构改革后，改由经济产业省资源能源厅对日本全国节能工作实行统一管理。建立了比较健全完善的中介机构，1966年建立了能源经济研究所，1978年成立了日本节能中心，1980年成立了新能源和产业技术综合开发机构。日本要求重点用能企业配备专职能源管理士，对工厂用热、用电及建筑物热损失提出具体要求，每年向经济产业省及相关部门报告能耗状况	政府对一些重要的节能技术开发、节能设备推广和示范项目实行财政补贴制度，并给予信贷方面的支持。允许日本政府专业银行对进行节能投资的企业给予低息优惠贷款；对于企业安装节能设备和节能技术开发项目的贷款，政府辅助金给予0.4%的贴息；经济产业省每年财政拨款380亿日元，用于补贴家庭和楼房能源管理系统和高效热水器等；经济产业省定期发布节能产品目录，开展节能产品和技术评优活动，对使用列入目录的111种节能设备实行特别折旧和税收减免政策，减免的税收约占设备购置成本的7%	日本节能宣传分两个层次进行：一是针对社会、家庭节能的宣传；二是针对企业节能的宣传指导。设立了节能活动日、节能活动月和每年的节能检查日来宣传节能。除通过具体活动尤其是通过学校教育来强化节能信息的传播外，日本节能中心还建立了节能信息网站、出版节能杂志和科普读物等向企业和公众提供和传播节能信息，并举办各种节能技术研修班和大型咨询会、“节能环保设备与技术展览”活动

国家	节能政策	节能管理	节能财税政策	节能宣传
美国	1975 年颁布实施了《能源政策和节约法案》；1978 年出台了《国家节能政策法案》及《供用电力公司管理政策法案》；1982 年制定了《机动车辆信息与成本节约法》；1987 年颁布了《国家家用电器节能法案》；1992 年制定了《国家能源政策法》，是能源供应和使用的综合性法律文本；1998 年公布了《国家能源综合战略》；2005 年出台了新的能源法案——《国家能源政策法案—2005》，目的是让美国减少对外国能源的依赖，解决导致美国国内能源价格高涨的根本因素。1998—2007 年，美国共颁布了 13 项总统行政令和 2 份总统备忘录，并对政府机构节能内容作出了具体规定	节能是由能源部管理的，能源部设有能效和可再生能源局，有两个综合办公室，下设 5 个市场部门。美国政府开展了能源之星、气候之星、绿色照明、废物能、电机挑战等多项由公司或公众自愿参加的节能环保项目	美国节能和新能源的投资预算逐年增加，2001 年为 11.8 亿美元（约合 82.7 亿元人民币），2003 年增加到 13.1 亿美元（约合 91.8 亿元人民币）。美国有现金补贴、税收减免和低息贷款等政策。美国 40 个州级政府和公用事业单位开展现金补贴项目，鼓励用户购买经“能源之星”认证的节能电器和照明产品	节能宣传从政府机构节能开始，为节能做出了表率。政府职能部门积极推行节能政策，有关企业也加入了宣传节能政策的行列。美国还开展广泛的宣传和教育活动，以提升消费者的能效意识。这些活动包括：发放出版物、公开示范、媒体宣传、开展各种培训，主办由制造商、经销商、消费者及政府工作人员参加的研讨会等，对消费者进行运行费用、电器寿命成本、能源效率、省钱又环保等概念的教育等
英国	1995 年颁布实施《家庭节能法》；2000 年公布的“气候变化计划”制定了“一揽子”政策和措施，以提高能源效率；2003 年公布《能源白皮书》，制定了促使电力生产更加清洁环保的新战略	英国负责节能的政府部门是环境、食品和农村事务部，职责是制定相关节能政策和法规，管理政府对能效投资的资金，但不对节能项目进行直接的组织管理	英国的环境、食品和农村事务部下设碳基金和节能基金。碳基金主要用于工业和交通方面的节能，节能基金主要用于建筑方面的节能。为鼓励商业和公共部门实施最佳节能措施，政府还开征了气候变化税	英国通过王室和政府的引导和表率，形成了一种有效和积极的节能氛围。一些自发的节能和绿色组织对增强人们的节能意识也发挥着重要作用

国家	节能政策	节能管理	节能财税政策	节能宣传
德国	1976年通过了《节能法》；2000年颁布了《可再生能源促进法》，开发可再生能源的公司可获得政府补助；2002年出台了《节省能源法案》，规定新建建筑必须是符合标准的低能耗建筑；2003年完成了“10万屋顶太阳能发电计划”“住所改造计划”、《可再生能源市场化促进方案》《未来投资计划》《家庭使用可再生能源补助计划》等	德国的《自愿协议》命名为《德国工业气候保护宣言》，是由公司单方面做出的，并不是公司与政府之间正式的约束性协议，但也要与政府协商。如果工业协会没有达到自愿协议中预定的目标，政府就要制定法规或增加税收	德国以税收作为杠杆来促进节能，比如对石油等传统能源的消费增收生态税，减轻企业和个人的税收负担，适当提高汽油和建筑采暖用油的税率，由消耗能源获得的税收资金则用于促进可再生能源开发等	德国能源机构负责组织全国的节能知识宣传，开设节能知识网站，并设立了近300个咨询点，向民众介绍各种节能知识。政府高级官员不定期地与民众举行讨论会，就政府的可持续发展包括能源方面的政策等进行讨论，听取意见，并鼓励民众监督节能和环保领域的工作
法国	1996年制定了《空气和能源合理利用法》；1998年出版的《2010—2020能源报告》介绍了法国能源政策框架：放开电力和天然气市场，调整交通运输和城市规划以及控制消费，采取措施完善优化现有发电厂，同时发展核电厂，制定能源税收政策	节能管理体制最突出的特点是将提高能源效率与对环境污染的控制结合在一起，并在1992年成立了独立于各部门的综合机构——法国环境与能源控制署，全面负责管理全国节能和对环境污染的控制工作。对重点用能企业，要求做出自愿节能承诺，并通过中介组织向其推广节能措施	法国环境与能源控制署管理的预算经费约30亿法郎（约合34.9亿元人民币），其中7亿法郎（约合8.1亿元人民币）用于节能。政府在征收汽车燃料税和新的环境污染税的同时，也实施税收减免政策，主要包括：对家庭保温和供暖设备以及高效锅炉的安装减免所得税；工业领域能源效率技术投资第一年实施加速折旧制度，并少征商业税；对节能进行投资的公司在节能设备使用和租赁中的盈利免税；对采用节能型设备实行税收减免等政策	法国非常重视节能的宣传和教育，通过电视播放公益广告、发放宣传资料、设立公用咨询电话和在全国建立100个信息宣传点等形式，进行节能宣传

国家	节能政策	节能管理	节能财税政策	节能宣传
荷兰	1992年制定了《建筑节能条例》，1995年进行了修订；1995年颁布《能源政策第三版白皮书》，提出2020年能效水平较1990年提高1/3的目标；1999年提出了“1999—2002年节能行动计划”，以自愿协议为基础，以金融、财政激励政策为手段促进节能投资	荷兰是自愿协议应用最早、覆盖面最广、实施效果最好的国家之一。1992年，荷兰签署了第一轮自愿协议即长期协议（LTA），共签署了44份，涉及29个工业部门，大部分协议于2000年到期。2000年，荷兰大部分耗能工业部门又与政府签署了新的协议——《基准协议》，以应对国际新变化	1998年起荷兰对工业节能示范和市场推广项目进行招投标，每年财政预算为1 000万荷兰盾(约合3 498万元人民币)。消费者购买节能电器及在家中采用节能装置，可申请节能奖励。1998年开始加倍征收能源税，截至2001年，由每年34亿荷兰盾（约合119亿元人民币）增加到每年68亿荷兰盾（约合238亿元人民币），新增税收的85%用于降低居民家庭和生产商的所得税，剩余的15%用来支持政府采取财政手段促进能效的提高	—

（2）国外典型城市相关节能措施

1）法国巴黎的相关节能措施

完善公共交通系统，减少私家车的使用。① 市内拥有密集的地铁网络，14条地铁线贯穿城区。由于出行便利、准时，巴黎市民更青睐乘坐地铁这样的低碳出行方式。其中地铁14号线使用现代化程度很高的无人驾驶列车和胶轮路轨系统，既节省能耗，又降低了噪声污染。② 巴黎的街道划出了专用的自行车道和公交车道，并修建了有轨电车线。巴黎还投放了数千辆“公租电动车”，并设立了500多处电动车站，市民可以使用公交地铁卡租用电动车。另外，“公租自行车”也正逐渐成为市民出行的新选择。

兴建低能耗建筑，减少温室气体排放。① 在法国，建筑能耗产生的温室气体约占全国总排放量的1/4。对此，法国在2013年实现新建建筑符合“正能量”概念。对于旧建筑，必须进行节能改造。通过能效等级认证的低能耗建筑的住户可以享受贷款、税收方面的优惠。② 巴黎成立了气候办公室，对建筑节能改造进行指导，并率先对政府机关的3 000栋建筑物进行能耗诊断，提出改造方案。巴黎市政府大楼通过节能改造，尤其是供暖装置的升级，减少了14%的能耗。私人业主也可以申请对住房进行能耗诊断，所需费用的70%由政府补贴。③ 巴黎注重提高可再生能源的比例。2014年在市区内200 km^2的屋顶上安装太阳能板，新建建筑必须系统安装太阳能传感器。巴黎19区一处地热装置，通过采集地下热水为1.2万户家庭供暖。巴黎计划充分开发地热潜力，为更多居民提供纯净、可再生的地热资源。同时有4座污水处理厂也正在进行试验，选择充分利用废水中的热量。

2）英国伦敦的相关节能措施

注重全局整体规划，全面平衡贯穿始终。从1944年出台的“大伦敦规划”到2004年的《大伦敦空间发展战略》，每隔20年左右伦敦政府就有一部总规划出台，其中包括城市建设的方方面面。除对未来二三十年的城市建设进行规划管理外，这部总规划还非常注意总结经验教训；同时，还有与之配套的一系列法案和行动方案保障规划的最终落实。

减少电能消耗量，采用分布式供电。将发电系统以小规模、分散式的方式置于用户附近。这种供电方式所需的燃料较为多样、环保，同时可以减缓中心电网的压力，提高供电的安全性和灵活性。智能电表可以发送家庭和企业的实时用电量和用气量信息，便于错峰用电并可以进行远程监控。同时配合安装使用的还有高效利用电能制冷/制热的热泵。另外，在伦敦市为电动车安装了630个充电点，并对50辆已投入使用的电动车进行监测，以确定未来电动车发展的进一步计划。

3）德国曼海姆的相关节能措施

采用智能电网，改善能源利用。2009年启动的曼海姆智能城市试点项目是德国经济技术部和环境部共同主导的新能源应用试点项目之一，由电力供应商、技术提供公司和科研机构共同实施。最理想的情况应该是，风能、太阳能正在发电的时候也正是区位就近用户用电的时候，这样就可以减轻电网集中供电的压力，智能电网即具备这样的调节功能。

智能电网使传统的电网具备了通信功能，不仅能够传输电力，还可以传输数据。通过收集用户的用电信息传输给数据中心，数据中心汇总所有用户的用电信息并做分析，从而预测第二天的用电高峰；同时又对第二天的太阳能、风能发电情况进行预测，综合电力的供需情况后制定阶梯式电价。数据中心再把制定好的阶梯式电价通过智能电网传输给用户，而用户家里的“智能电力管家”则会根据电价高低安排电器的运行时间。

对用户而言，阶梯式电价机制意在用经济手段鼓励用户错开用电高峰；而对电网而言，用户错峰用电不仅减轻了电网的负担，而且可以调节由于新能源电力不稳定造成的供电波动。

通过梳理国外节能措施，给山东省节能工作的启示如下：

一是完善节能相关的法律、法规体系。注重节能减排法律法规体系建设，同时紧跟时代的步伐和科技的进步及时对其进行更新调整，使能源环保法规具有可操作性并可满足现实需要，以保证节能减排在实施的过程中始终有法可依。

二是建立完善节能管理机构。通过对各机构职责进行设定，做到分工明确，权责分明，保证高效运行。由于能源产品具有半公共产品的性质，需要政府职能部门主导，专业机构、民间组织作为辅助，才能使节能减排的法律、法规真正落到实处。

三是创建多样化的节能管理方式。节能管理方式既有政府规制手段，又有财政预算、税收调节、金融贷款支持等经济手段。发达国家是以市场机制为基础，鼓励市场针对节能减排进行自我调节，发挥政府“有形之手”与市场“无形之手”的共同作用。同时，通过有差别的政策待遇进行积极引导，即以财政补贴、税收减免的方式对高能效、低排放的企业、个人进行奖励，对低能效、高排放的活动在市场准入、税费缴纳方面进行限制和惩罚。

四是动员全社会力量推进节能减排。节能减排不仅是政府的责任，也是每个公民的义务。充分发挥企业、社会公众的力量，合力推动节能减排。节能减排政策必须覆盖企业生产的各个流程，从设备的采购、使用到产品生产过程中能效及标准的规范再到产品销售时对消费者消费观念的引导。

五是重视节能减排的基础性工作。注重节能减排技术的研发、专业人才的培养、社会节能减排理念的宣传引导，促进节能减排工作长期、有效地发展。

2. 国内生活领域相关节能政策

我国出台的有关能源节约、降耗的政策规定中涉及居民生活领域的不多。

1998 年我国开始实施《中华人民共和国节约能源法》；2000 年建设部发布了《民用建筑节能管理规定》，主要针对建设单位按照节能要求和建筑节能强制性标准委托工程项目的设计；2000 年 12 月，国家经济贸易委员会与国家发展计划委员会联合颁布施行《节约用电管理办法》，主要针对生产领域加强用电管理、提高能源效率；2001 年，建设部等四部委联合发布的《关于实施〈夏热冬冷地区居住建筑节能设计标准〉的通知》（建科〔2001〕239 号），制定了针对夏热冬冷地区建筑在建筑、热工和暖通空调设计方面的节能措施，并且规定了空调与采暖的能耗指标，在一定程度上保障了居民住宅能源的利用效率；2003 年，国家发展改革委等部门发布了《关于 2003 年全国节能宣传周活动安排的通知》，旨在对节能理念进行广泛宣传；2004 年，国家发展改革委颁布的《能源效率标识管理办法》对空调和电冰箱这两个产品率先实施能效标识制度；2005 年，《国务院办公厅转发发展改革委等部门关于鼓励发展节能环保型小排量汽车意见的通知》（国办发〔2005〕61 号）进一步完善了节能环保型小排量汽车的技术标准，从源头上严格限制高能耗汽车的发展；2006 年颁布的《中华人民共和国可再生能源法》规定了可再生能源发电电价、电量、上网等政策，加大对可再生能源的扶持力度；2007 年《财政部关于印发〈北方采暖区既有居住建筑供热计量及节能改造奖励资金管理暂行办法〉的通知》（财建〔2007〕957 号）专门划拨资金奖励北方采暖地区既有住宅的供热计量和节能改造的行为。为了促进资源节约型和环境友好型社会建设，逐渐减少电价交叉补贴，理顺电价关系，引导居民合理、节约用电，2011 年 11 月发布了《国家发展改革委印发关于居民生活用电试行阶梯电价的指导意见的通知》（发改价格〔2011〕2617 号）。

在节能产品推广应用方面，2009 年 5 月发布的《财政部　国家发展改革委关于开展“节能产品惠民工程”的通知》（财建〔2009〕213 号），启动了“节能产品惠民工程”，采取财政补贴方式，加快高效节能产品的推广。之后，又陆续发布了《财政部　国家发展改革委关于印发〈“节能产品惠民工程”高效节能房间空调器推广实施细则〉的通知》（财建〔2009〕214 号）、《财政部　国家发展改革委　工业和信息化部关于印发〈“节能产品惠民工程”节能汽车（1.6 升及以下乘用车）推广实施细则〉的通知》（财建〔2010〕219 号）、《财政部　国家发展改革委关于印发〈节能产品惠民工程高效电机推广实施细则〉的通知》（财建〔2010〕232 号）、《财政部　国家发展改革委　工业和信息化部关于印发〈节能产品惠民工程高效节能通风机推广实施细则〉的通知》（财建〔2012〕852 号）。

为推动建筑节能，国务院办公厅于 2013 年 1 月发布了《国务院办公厅关于转发

发展改革委　住房城乡建设部绿色建筑行动方案的通知》（国办发〔2013〕1 号）；住房和城乡建设部分别于 2012 年 5 月和 2013 年 3 月制定发布了《“十二五”建筑节能专项规划》和《“十二五”绿色建筑和绿色生态城区发展规划》。

2014 年 5 月，国务院办公厅印发《2014—2015 年节能减排低碳发展行动方案》，提出了 2014—2015 年工作目标：单位 GDP 能耗、化学需氧量、二氧化硫、氨氮、氮氧化物排放量分别逐年下降 3.9%、2%、2%、2%、5%以上，单位 GDP 二氧化碳排放量两年分别下降 4%、3.5%以上。2014 年 6 月，国务院办公厅印发《能源发展战略行动计划（2014—2020 年）》，提出截至 2020 年，一次能源消费总量控制在 48 亿 t 标准煤左右，煤炭消费总量控制在 4.2 Gt 左右，以及非化石能源占一次能源消费比重达到 15%，天然气比重达到 10%以上，煤炭消费比重控制在 62%以内等节能目标。2015 年 4 月发布的《中共中央　国务院关于加快推进生态文明建设的意见》（中发〔2015〕12 号）提出，截至 2020 年，资源节约型和环境友好型社会建设取得重大进展，主体功能区布局基本形成，经济发展质量和效益显著提高；单位国内生产总值二氧化碳排放强度比 2005 年下降 40%～45%，能源消耗强度持续下降，资源产出率大幅提高等目标。2016 年 3 月发布的《国家能源局关于印发 2016 年能源工作指导意见的通知》（国能规划〔2016〕89 号）提出，2016 年，能源消费总量 43.4 亿 t 标准煤左右，非化石能源消费比重提高到 13%左右，天然气消费比重提高到 6.3%左右，煤炭消费比重下降到 63%以下，单位国内生产总值能耗同比下降 3.4%以上。

为推动新能源汽车的发展，国家也出台了一系列政策文件，如《国务院办公厅关于加快新能源汽车推广应用的指导意见》（国办发〔2014〕35 号）、《关于 2016—2020 年新能源汽车推广应用财政支持政策的通知》（财建〔2015〕134 号）、《住房城乡建设部关于加强城市电动汽车充电设施规划建设工作的通知》（建规〔2015〕199 号）、《电动汽车充电基础设施发展指南（2015—2020 年）》、《关于“十三五”新能源汽车充电基础设施奖励政策及加强新能源汽车推广应用的通知》（财建〔2016〕7 号）和工信部发布的《新能源汽车推广应用推荐车型目录》。

为贯彻落实党中央、国务院关于推进供给侧结构性改革、促进工业稳增长和建设制造强国的决策部署，推动建材工业转型升级、健康发展，2016 年 5 月 18 日，《国务院办公厅关于促进建材工业稳增长调结构增效益的指导意见》（国办发

〔2016〕34 号）提出了如下基本原则：坚持市场主导、坚持市场主体、坚持政策引导、坚持统筹协调。

国家发展改革委和环保部联合发布修订后的《清洁生产审核办法》于 2016 年 7 月 1 日起正式实施。该办法指出，国家鼓励企业自愿开展清洁生产审核。

工业和信息化部第 21 次部务会议审议通过的《工业节能管理办法》，是落实《节约能源法》相关规定和“十三五”绿色发展理念的重要举措，自 2016 年 6 月 30 日起施行。《工业节能管理办法》的亮点主要有：强调用能权交易制度，明确节能管理手段，建立健全节能监察体系，突出企业主体地位，重点抓用能大户。

总体来看，我国已颁布多项有关能源节约的政策法规，但直接涉及居民生活领域并且能够起到直接作用的较少，生活领域的节能政策有待完善。

3. 山东省节能工作回顾

（1）节能相关规划、方案与节能目标

1）山东省能源中长期发展规划纲要

2008—2020 年，山东省实现预期能源发展目标。全省电力装机容量达到 160 GW，增长 185%，燃煤机组由目前的 98%下降到 62.5%，省外来电和新能源发电比例达到 37.5%，煤炭和石油产量分别稳定在 150 Mt 和 270 Mt。按照新的能源发展思路，截至 2020 年，可减少省内原煤消耗约 147 Mt，减少二氧化硫排放约 2.35 Mt，减少二氧化碳排放约 294 Mt，万元 GDP 能耗降低到 0.74 t 标准煤，降低 37%。总体来说，山东省基本建立起安全、稳定、清洁、高效的现代能源体系。

山东省“十一五”规划目标：截至“十一五”末，全省煤炭年产量稳定在 150 Mt；发电装机容量达到 73 GW，年均增长 14.3%，其中接受省外来电 4 GW；原油年产量稳定在 27 Mt；原油加工量达到 50 Mt，年均增长 7.4%；利用天然气达到 5 Gm^3。万元 GDP 能耗降到 1t 标准煤，比“十五”末降低 22%，年均节能率 4.5%。

山东省“十二五”规划目标：截至“十二五”末，全省煤炭产量继续稳定在 150 Mt 的水平；发电装机容量达到 117 GW，年均增长 9.9%，其中接受省外来电 16 GW。人均拥有发电装机容量超过 1 kW，达到中等发达国家水平；原油产量 27 Mt，原油加工量达到 70 Mt，年均增长 7%；利用天然气 10 Gm^3；万元 GDP 能耗降到 0.86t 标准煤，比“十一五”末降低 14%，年均节能率为 3%。

山东省“十三五”规划目标：截至“十三五”末，全省煤炭力争继续保持 150 Mt

的产量；发电装机容量达到 160 GW，年均增长 6.5%，其中接受省外来电 32 GW；省内燃煤装机容量控制在 100 GW 以内；原油产量继续保持 27 Mt 的水平；原油加工量达到 80 Mt，年均增长 2.7%；利用天然气 15 Gm^3。万元 GDP 能耗达到 0.74 t 标准煤，比“十二五”末降低 14%，年均节能率 3%。

2）山东省节约能源“十二五”规划

2011 年 10 月，山东省人民政府办公厅印发了《山东省节约能源“十二五”规划》，提出的节能目标为：建立与山东省节能工作实际相适应的、比较完善的节能法规标准体系、政策支持体系、监督管理体系、技术服务体系，节能长效机制进一步健全，产业结构明显优化，能源消费结构明显改善，能源利用效率进一步提高；到 2015 年，万元 GDP 能耗降低到 0.85 t 标准煤，相比 2010 年的 1.02 t 标准煤降低 17%，相比 2005 年的 1.32 t 标准煤降低 35%以上。该规划中涉及与生活节能有关的目标和要求如下：

到 2015 年，城市和县城新建建筑节能标准执行率在设计阶段达到 100%，施工阶段达到 98%以上；到 2015 年，全省城镇既有建筑节能改造累计完成 8 900 万 m^2；到 2015 年，全省城镇应用可再生能源的新建建筑达到 50%以上，新增可再生能源建筑应用面积 1.8 亿 m^2；到 2015 年，秸秆综合利用率达到 85%以上，全省适宜农村沼气用户普及率达到 28%以上；到 2015 年，力争农村太阳能热水器普及率达到 15%以上。落实家电下乡政策，推进农村家电、炊事、取暖等生活节能。推广应用保温隔热的新型建筑材料，发展节能型农村建筑，加强建材下乡试点省建设。科学制定乡村建设规划，有效遏制重复建设，减少资源浪费。引导合理使用空调，科学设置温度，减少开启次数，充分利用自然通风。合理选择灯具功率，控制照明亮度和开启时间。及时关闭电脑等用电设备，减少待机能耗。节约纸张等办公、生活用品等。

3）山东省国民经济和社会发展第十二个五年规划纲要

《山东省国民经济和社会发展第十二个五年规划纲要》提出，到 2015 年，单位地区生产总值能源消耗降低率完成国家分解的任务，非化石能源占能源消费比重达到 6%，单位地区生产总值二氧化碳排放降低率完成国家分解的任务。

对节约能源的要求为：实施能源消费总量控制，强化低碳理念，逐步实现能源结构、生产方式及生活消费低碳化。广泛推进太阳能、生物质能、地热及浅层地温能等新能源利用，推进太阳能光热利用与建筑一体化。限制高能耗产业发展，严格执行差别电价制度，加快重大节能技术产业化，推进重点耗能行业和年能耗 2 000 t 标准煤以上企业的节能降耗，在各类工业园区推广热电联产和余热余压余气利用。大力推进建筑节能，城市、县城新建民用建筑节能标准执行率达到 98% 以上。制定能源计量行政法规和技术法规，完善节能产品检测体系。强化企业节能管理创新，完善能源管理师制度，构建能源管理体系。贯彻能源效率标准，对家电产品和照明产品实施强制性能效标识管理，鼓励推广使用高效节能产品。

4）山东省国民经济和社会发展第十三个五年规划纲要

《山东省国民经济和社会发展第十三个五年规划纲要》提出的节能目标为：能源资源利用效率大幅提高，全面完成国家下达的政府履行职责约束性任务目标。即到 2020 年，单位地区生产总值能源消耗降低率完成国家分解的任务，非化石能源占能源消费比重达到 7%，年均增速累计 4%，单位地区生产总值二氧化碳排放降低率完成国家分解的任务。该规划纲要还提出，强化煤炭消费总量控制，在实现 2017 年比 2012 年减少煤炭消费 20 Mt 的基础上，实现 2020 年煤炭消费量比 2017 年进一步下降。

推广绿色生活方式。倡导合理消费，坚决抵制和反对各种形式的奢侈浪费和过度消费，推动全民在衣、食、住、行、游等方面向绿色低碳、文明健康的方式转变。积极引导消费者购买新能源汽车、高能效家电、节水型器具等节能环保产品，减少一次性用品使用。大力推广绿色低碳出行，鼓励绿色生活休闲模式。党政机关和国有企业带头厉行勤俭节约，提高绿色采购比重。积极推行绿色建筑。推行绿色殡葬。

5）山东省“十二五”节能减排综合性工作实施方案

2011 年 11 月《山东省人民政府关于印发〈山东省“十二五”节能减排综合性工作实施方案〉的通知》（鲁政发〔2011〕47 号）提出了“十二五”节能减排主要目标：到 2015 年，全省万元地区生产总值能耗下降到 0.85 t 标准煤（按 2005 年价格计算），比 2010 年的 1.02 t 标准煤降低 17%，比 2005 年的 1.32 t 标准煤降低 35.3%；“十二五”期间，实现节约能源 7 500 万 t 标准煤，全省新增煤炭消费量控制在 82 Mt 以内。“十二五”山东省各市节能目标见表 1-2。该方案中涉及与生活节能有关的目标和要求如下：

到2015年，城市和县城新建建筑节能标准执行率在设计阶段达到100%，施工阶段达到98%以上，全省累计建成绿色建筑1 000万m^2以上，完成既有建筑节能改造8 900万m^2，新增太阳能光热建筑应用面积1.5亿m^2以上，太阳能光电建筑一体化应用装机容量达到150 MW以上，城镇应用可再生能源的新建建筑达到50%以上。加强建材下乡试点省建设，落实家电下乡政策，推进节能型住宅建设，促进农民生活节能。加快太阳能热水器在农村的普及应用，到2015年，农村太阳能热水器普及率达到35%以上。发展户用沼气和大中型沼气，加强运行管理和维护服务。完善秸秆气化技术及系统装备，建设农村秸秆气化工程。到2015年，秸秆综合利用率达到85%以上，全省适宜农村沼气用户普及率达到28%以上。落实节能产品惠民补贴政策，在居民中推广使用高效节能家电、照明产品，鼓励购买节能环保型汽车，支持乘用公共交通，提倡绿色出行。减少一次性用品使用，限制过度包装，抑制不合理消费。

表1-2 “十二五”山东省各市节能目标 单位：%

地区	单位地区生产总值能耗降低率		
	“十一五”时期	“十二五”时期	2006—2015年累计
济南	22.04	17	35.30
青岛	22.02	17	35.27
淄博	23.09	17	36.17
枣庄	23.01	17	36.10
东营	22.03	17	35.29
烟台	22.05	17	35.30
潍坊	23.05	17	36.13
济宁	23.08	17	36.16
泰安	23.02	17	36.11
威海	22.01	17	35.27
日照	–25.80	17	–4.41
莱芜	25.02	17	37.77
临沂	23.07	17	36.15
德州	23.07	17	36.15
聊城	23.01	17	36.10
滨州	22.08	17	35.32
菏泽	22.02	17	35.28
全省	22.09	17	35.33

数据来源：《山东省“十二五”节能减排综合性工作实施方案》。

6）山东省 2014—2015 年节能减排低碳发展行动实施方案

为全面推进山东省生态文明建设，确保完成“十二五”节能减排降碳目标，2014 年 10 月《山东省人民政府办公厅关于印发〈山东省 2014—2015 年节能减排低碳发展行动实施方案〉的通知》提出工作目标为：2014 年，单位地区生产总值（GDP）能耗和二氧化碳排放量分别下降 2.8%、3.2%，2015 年完成“十二五”节能降碳目标任务。2014—2015 年山东省各市能耗增量控制目标如表 1-3 所示。

表 1-3 2014—2015 年山东省各市能耗增量控制目标 单位：万 t 标准煤

城市	能源消费增量控制目标
济南	127.8
青岛	151.1
淄博	184.0
枣庄	81.1
东营	83.5
烟台	134.8
潍坊	135.3
济宁	107.9
泰安	90.7
威海	61.3
日照	107.3
莱芜	71.3
临沂	120.5
德州	87.6
聊城	92.8
滨州	79.0
菏泽	84.0
合计	1 800.0

该实施方案中涉及与生活节能有关的目标和要求如下：

推进建筑节能降碳。大力推行太阳能光热建筑一体化，鼓励建筑物高度 100 m 以下的新建、改建、扩建的住宅和集中供应热水的公共建筑安装使用太阳能热水系统。加强既有建筑供热计量及节能改造，2015 年所有实行集中供热的新建建筑和已完成供热计量改造的建筑，实行按用热量计价收费。到 2015 年，新增绿色建筑 5 000 万 m^2；太阳能光热建筑应用面积达到 1.5 亿 m^2，城镇应用可再生能源的新建建筑达到 50%；完成既有居住建筑供热计量及节能改造 2 500 万 m^2；全省单位建筑面积供热能耗降至 20 kg 原煤以下。

实施节能低碳产品认证制度，在家电、电机、半导体照明、太阳能光热等行业推行节能产品认证，2014—2015 年颁发节能认证证书 1 700 张，新增节能认证企业 50 家。

7）山东省煤炭消费减量替代工作方案

2015 年 7 月，山东省发改委等 7 部门下发了《关于印发〈山东省煤炭消费减量替代工作方案〉的通知》（鲁发改环资〔2015〕791 号），提出了煤炭消费总量目标：2016 年煤炭消费总量比 2012 年减少 10 Mt 左右；到 2017 年，实现国家下达给山东省煤炭消费总量比 2012 年减少 20 Mt 的目标。

8）山东创建绿色交通省实施方案

2015 年 8 月，交通运输部正式批复了《山东创建绿色交通省实施方案》，按照实施方案确定的目标，到 2018 年，山东省基本建成绿色交通运输体系，全省绿色省份创建项目节能量达到约 388.89 万 t 标准煤，减少 CO_2 排放 10.18 Mt，绿色交通整体发展水平处于全国领先地位。

9）山东省绿色建筑与建筑节能发展“十三五”规划

2016 年 8 月，山东省住建厅会同省发展改革委、省经济和信息化委、省财政厅、省政府节能办四部门发布了《山东省绿色建筑与建筑节能发展“十三五”规划（2016—2020 年）》，提出了如下发展目标（表 1-4）：

绿色建筑。县级及以上城市规划建设用地范围内全面执行绿色建筑设计标准，新增绿色建筑 2 亿 m^2 以上，二星级及以上绿色建筑比例达到 30%以上。新建城区全部按照绿色生态城区要求进行规划、设计、建设、管理，创建省级绿色生态示范城镇 20 个以上。

新建节能建筑。新建节能建筑 4 亿 m^2 以上，设计阶段和施工阶段节能强制性标准执行率分别达到 100%、99%。

既有建筑节能改造。完成既有居住建筑节能改造 3 000 万 m^2 以上、公共建筑节能改造 1 000 万 m^2 以上。

表1-4 “十三五”时期绿色建筑与建筑节能主要发展目标

序号	发展目标	单位	2020年目标
1	新增绿色建筑	万 m^2	20 000
2	二星级及以上绿色建筑占比	%	30
3	创建省级绿色生态示范城镇	个	20
4	新建节能建筑	万 m^2	40 000
5	实施既有居住建筑节能改造	万 m^2	3 000
6	实施公共建筑节能改造	万 m^2	1 000
7	新增太阳能光热建筑一体化应用建筑	万 m^2	15 000
8	新增地源热泵系统应用建筑	万 m^2	5 000
9	新增太阳能光电建筑应用装机容量	MW	150
10	新建建筑应用可再生能源比例	%	50
11	新建大型公共建筑用能监测系统建设比例	%	100
12	新建建筑和市政设施建设工程绿色施工比例	%	70

可再生能源建筑应用。新增太阳能光热建筑一体化应用面积1.5亿 m^2 以上、地源热泵系统建筑应用面积5 000万 m^2 以上、太阳能光电建筑应用装机容量150 MW以上。到规划期末，全省城镇应用可再生能源的新建建筑达到50%以上。

公共建筑节能监管体系建设。省、市两级建筑节能监管平台稳定运行、准确传输，新建大型公共建筑全部建立用能监测系统。

绿色施工。2017年起，政府投资或以政府投资为主的机关办公建筑、公益性建筑、保障性住房，全部按绿色施工方式建造。到规划期末，60%以上的城镇新建建筑和市政设施建设工程实施绿色施工。

绿色建材。县城及以上城市规划建设用地范围内全部实行“限粘”。到规划期末，新建建筑绿色建材应用比例达到40%，建筑垃圾资源化利用率达到70%。

（2）山东省节能减排情况

“十一五”期间，山东省认真贯彻中央决策部署，把节能减排作为落实科学发展观，促进转方式、调结构，建设经济文化强省的重要举措，围绕“十一五”期间万元生产总值（GDP）能耗降低22%的目标，创新思路，强化措施，狠抓落实，各项工作取得积极成效。全省万元GDP能耗从2005年的1.32 t标准煤降到2010年的1.02 t标准煤，累计降低22.1%，超额完成了“十一五”节能目标。2015年山东万元 GDP 能耗同比下降 3.7%，“十二五”累计下降 19.8%，圆满完成国家下达 17%的节能目标任务[63]。

从万元 GDP 能耗下降比率变化来看（表 1-5，图 1-1），2006—2016 年山东省万元 GDP 能耗变化比率呈现波动下降的趋势，平均下降 4.64%。除日照、滨州外，2006—2016 年各设区市年均万元 GDP 能耗下降比率在 4.33%～5.64%，其中淄博市平均万元 GDP 能耗下降比率最大，为 5.64%，东营市下降比率最小，为 4.33%；日照、滨州两市平均万元 GDP 能耗分别上升 0.03%和 0.28%。

表 1-5　2006—2016 年山东省万元 GDP 能耗上升或下降比率情况　　单位：%

设区的市	2006 年	2007 年	2008 年	2009 年	2010 年	2011 年	2012 年	2013 年	2014 年	2015 年	2016 年	平均值
济南市	–3.53	–4.64	–6.48	–5.40	–4.21	–3.78	–4.68	–5.68	–6.22	–9.92	–3.94	–5.32
青岛市	–4.31	–4.94	–5.97	–5.19	–3.84	–3.93	–4.15	–3.82	–7.04	–7.69	–5.68	–5.14
淄博市	–3.66	–4.71	–7.08	–5.93	–4.15	–3.96	–5.29	–5.90	–5.81	–5.64	–9.94	–5.64
枣庄市	–1.86	–6.16	–7.49	–5.84	–4.03	–3.76	–5.18	–5.27	–5.67	–10.80	–3.74	–5.44
东营市	–2.47	–4.63	–7.38	–5.47	–4.26	–3.82	–4.21	–3.89	–3.56	–7.74	–0.25	–4.33
烟台市	–4.62	–4.50	–5.88	–5.23	–4.06	–3.85	–4.05	–3.98	–4.66	–10.60	–3.46	–4.99
潍坊市	–2.56	–4.70	–7.41	–6.11	–4.68	–3.80	–4.75	–4.89	–5.13	–7.72	–7.22	–5.36
济宁市	–3.85	–5.02	–6.71	–5.58	–4.38	–3.76	–4.80	–4.98	–5.43	–10.13	–5.53	–5.47
泰安市	–3.04	–4.70	–7.56	–6.03	–4.10	–3.95	–4.43	–5.07	–5.11	–10.69	–6.91	–5.60
威海市	–2.65	–4.52	–7.02	–5.82	–4.20	–3.79	–4.11	–4.54	–5.33	–7.65	–5.43	–5.01
日照市	–2.28	5.69	–4.92	32.72	–3.47	–3.71	–4.01	–4.27	–6.88	–3.63	–4.87	0.03
莱芜市	–2.41	–5.27	–8.72	–6.41	–5.06	–3.74	–4.77	–3.86	–3.34	–9.78	–4.50	–5.26
临沂市	–3.41	–4.70	–7.50	–5.48	–4.41	–3.77	–4.23	–4.01	–5.25	–15.17	2.51	–5.04
德州市	–3.49	–4.70	–7.12	–5.63	–4.57	–3.73	–4.12	–4.92	–5.20	–8.49	–6.54	–5.32
聊城市	–3.39	–3.52	–7.64	–6.05	–4.82	–3.75	–4.37	–3.70	–6.06	–7.37	–5.42	–5.10
滨州市	–2.78	–4.06	–7.70	–5.56	–4.16	–3.78	–4.56	–4.21	–3.05	47.01	–4.12	0.28
菏泽市	–3.41	–4.55	–6.96	–5.37	–3.93	–3.73	–4.69	–4.32	–4.11	–5.10	–5.45	–4.69
全省总计	–3.46	–4.54	–6.47	–5.46	–4.39	–3.77	–4.55	–4.48	–5.00	–3.72	–5.15	–4.64

注：数据来源于 2007—2017 年的《山东统计年鉴》。

从万元GDP电耗下降比率变化来看（表1-6，图1-1），2006—2016年山东省万元GDP电耗下降比率呈现“减小—增大—减小—增大—减小—增大”的波动变化趋势，平均下降2.74%。除日照、滨州外，2006—2016年各设区市年平均万元GDP电耗变化比率在–0.69%～26.61%，其中淄博市年平均万元GDP电耗下降比率最大，为7.35%，菏泽市下降比率最小，为0.69%；日照市年平均万元GDP电耗上升1.04%，滨州市年平均万元GDP电耗上升26.61%。

表1-6 2006—2016年山东省万元GDP电耗上升或下降比率情况 单位：%

设区的市	2006年	2007年	2008年	2009年	2010年	2011年	2012年	2013年	2014年	2015年	2016年	平均值
济南市	–2.93	–3.99	–6.07	–4.18	–0.13	–5.31	–9.74	–7.07	–6.93	–6.47	–1.68	–4.95
青岛市	–3.66	–4.95	–6.56	–7.54	–0.01	–4.18	–8.17	–3.12	–7.80	–6.24	–0.53	–4.80
淄博市	–3.41	–7.26	–12.00	–10.22	–3.33	–5.65	–10.06	–8.42	–8.43	–5.99	–6.06	–7.35
枣庄市	0.73	–7.23	–10.53	–8.27	–1.92	–0.97	–6.08	–3.13	–10.66	–8.58	–3.49	–5.47
东营市	9.61	–2.95	–9.18	–4.44	–4.25	1.02	–6.09	0.95	–3.90	–0.63	2.70	–1.56
烟台市	4.98	0.02	–7.26	–5.07	–1.30	–0.48	–2.61	–0.93	–3.28	–2.38	–0.61	–1.72
潍坊市	2.10	–4.14	–3.01	–3.32	–1.10	1.39	–1.54	0.35	–1.27	–6.72	–2.99	–1.84
济宁市	–3.85	–2.52	–1.41	–4.24	–5.35	1.63	–6.55	–4.34	–8.76	–9.38	–6.24	–4.64
泰安市	3.17	–0.17	–7.99	–10.24	–0.70	–3.23	–7.64	–0.33	–5.20	–7.87	–0.51	–3.70
威海市	–3.13	–4.25	–7.88	–5.21	1.60	–1.65	–5.07	–6.83	–7.07	–5.53	–4.08	–4.46
日照市	5.96	19.42	–0.38	8.05	–0.25	0.34	–1.68	–5.50	–4.98	–5.96	–3.63	1.04
莱芜市	–6.01	–10.03	–5.16	–4.13	3.51	1.69	–9.34	–4.90	–4.80	–13.41	0.07	–4.77
临沂市	0.47	–2.35	–12.06	4.42	–0.77	1.32	0.01	3.05	–4.56	–9.76	3.52	–1.52
德州市	0.06	–0.78	–13.85	–2.55	–0.71	–0.08	–2.43	–6.79	–4.65	–10.45	–8.50	–4.61
聊城市	16.48	10.84	–4.89	–6.65	–1.88	–4.59	–5.91	–3.45	–4.35	–7.19	–2.40	–1.27
滨州市	15.65	–3.48	–1.50	–2.56	–0.82	–0.91	–2.52	–1.70	0.28	294.14	–3.91	26.61
菏泽市	2.77	1.24	–3.43	0.85	–0.33	–0.15	–2.95	1.42	–2.47	–2.96	–1.57	–0.69
全省总计	0.45	0.03	–6.23	–3.86	–0.30	–0.58	–4.89	–1.78	–4.84	–6.49	–1.68	–2.74

注：数据来源于2006—2016年的《山东统计年鉴》。

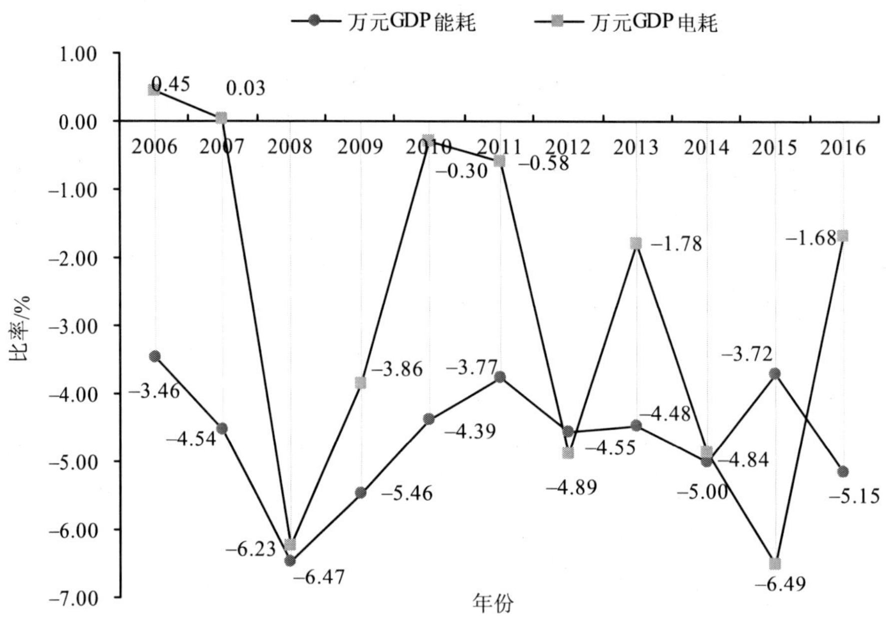

图 1-1　2006—2016 年山东省万元 GDP 能耗和电耗上升或下降比率变化

“十二五”以来，山东省将建筑节能作为落实中央节能减排部署、促进生态文明建设的重要抓手，积极响应“节俭养德、全民节约行动”号召，健全机制，强化措施，深入推进，取得了积极进展。全省新建节能建筑 2.8 亿 m^2、绿色建筑 2 900 万 m^2，改造既有居住建筑 7 460 万 m^2、公共建筑 635 万 m^2，建成太阳能光热一体化应用建筑 7 498 万 m^2，全面超额完成国家和省下达的各项任务[64]。

（3）当前节能政策概述

为不断推进山东省节能减排工作，确保实现各项节能减排目标，山东省委、省政府及相关主管部门出台了一系列政策文件，为顺利完成节能减排目标奠定了良好基础。2007—2016 年出台的相关政策文件如表 1-7 所示。

表 1-7 山东省出台的节能减排相关政策文件

序号	名称	文号	实施时间	颁发机构
1	《山东省人民政府办公厅关于印发〈山东省节能奖励办法〉的通知》	鲁政办发〔2006〕116号	2007.01.01	山东省人民政府办公厅
2	《山东省公共机构节能管理办法》	山东省人民政府令第210号	2009.05.20	山东省人民政府
3	《山东省节约能源条例》	山东省人民代表大会常务委员会公告（第216号）	2017.10.01	山东省人大常委会
4	《山东省清洁生产促进条例》	—	2010.11.01	山东省人大常委会
5	《山东省节能考核奖励资金使用管理暂行办法》	—	2014.05.08	山东省财政厅、山东省经济和信息化委员会
6	《山东省循环经济条例》	—	2016.10.01	山东省人大常委会
7	《山东省民用建筑节能条例》	—	2013.03.01	山东省人大常委会
8	《山东省人民政府关于做好建设节约型社会近期重点工作的通知》	鲁政发〔2006〕34号	2006.03.16	山东省人民政府
9	《山东省人民政府关于贯彻国发〔2006〕28号文件进一步加强节能工作的实施意见》	鲁政发〔2006〕108号	2006.10	山东省人民政府
10	《山东省人民政府关于印发〈节能减排综合性工作实施方案〉的通知》	鲁政发〔2007〕39号	2007.06	山东省人民政府
11	《山东省人民政府关于印发〈山东省循环经济试点工作实施方案〉的通知》	鲁政发〔2007〕8号	2007.01	山东省人民政府
12	《关于印发"山东省节能减排全民行动"实施方案的通知》	鲁经贸协字〔2007〕362号	2007.10	山东省经贸委等21部门
13	《中共山东省委 山东省人民政府关于进一步加强节能减排工作的意见》	鲁发〔2007〕24号	2007.12	中共山东省委、山东省人民政府
14	《山东省人民政府批转节能减排统计监测及考核实施方案和办法的通知》	鲁政发〔2008〕55号	2008.04	山东省人民政府
15	《山东省人民政府〈关于进一步加强节油节电工作实施方案〉的通知》	鲁政发〔2008〕83号	2008.08	山东省人民政府
16	《山东省人民政府关于加快我省新能源和节能环保产业发展的意见》	鲁政发〔2009〕77号	2009.06	山东省人民政府
17	《山东省人民政府办公厅转发省经济和信息化委等部门〈关于加快太阳能光热系统推广应用的实施意见〉的通知》	鲁政办发〔2009〕119号	2009.10	山东省人民政府办公厅

序号	名称	文号	实施时间	颁发机构
18	《山东省人民政府印发〈关于促进新能源产业加快发展的若干政策〉的通知》	鲁政发〔2009〕140号	2009.12	山东省人民政府
19	《山东省人民政府办公厅转发省发展改革委〈关于扶持光伏发电加快发展的意见〉的通知》	鲁政办发〔2010〕39号	2010.07	山东省人民政府办公厅
20	《山东省人民政府办公厅关于贯彻国办发〔2010〕25号文件加快推行合同能源管理促进节能服务产业发展的意见》	鲁政办发〔2010〕47号	2010.08	山东省人民政府办公厅
21	《山东省人民政府关于印发〈山东省“十二五”节能减排综合性工作实施方案〉的通知》	鲁政发〔2011〕47号	2011.11	山东省人民政府
22	《关于印发〈山东省“十二五”节能减排全民行动实施方案〉的通知》	鲁经信协字〔2012〕97号	2012.03	山东省经济和信息化委员会等20部门
23	《关于居民生活用电试行阶梯电价的通知》	鲁价格一发〔2012〕70号	2012.06	山东省物价局
24	《山东省物价局关于完善居民阶梯电价制度的通知》	鲁价格一发〔2014〕87号	2014.06	山东省物价局
25	《山东省人民政府办公厅关于印发〈山东省2014—2015年节能减排低碳发展行动实施方案〉的通知》	鲁政办发〔2014〕36号	2014.10	山东省人民政府办公厅
26	《山东省物价局关于降低上网电价和销售电价的通知》	鲁价格发〔2015〕131号	2015.12	山东省物价局
27	《山东省人民政府办公厅关于贯彻国办发〔2015〕16号文件加强节能标准化工作的实施意见》	鲁政办发〔2015〕31号	2015.07	山东省人民政府办公厅
28	《山东省人民政府办公厅关于加快推进全省煤炭清洁高效利用工作的意见》	鲁政办发〔2016〕16号	2016.04	山东省人民政府办公厅
29	《山东省人民政府关于印发〈山东省2013—2020年大气污染防治规划二期行动计划（2016—2017年）〉的通知》	鲁政字〔2016〕111号	2016.05	山东省人民政府
30	《中共山东省委　山东省人民政府关于推进价格机制改革的实施意见》	—	2016.06	中共山东省委、山东省人民政府

1.3 研究内容与方法

1.3.1 研究内容

在山东省城乡能源消耗情况调研基础上，分析当前城乡用能差距，分析论证城镇化对山东生活能源消费的影响。同时，对新型城镇化提出相应的节能措施，为制定相关节能政策奠定基础。

① 对山东省当前城乡生活能源消耗现状进行详细调查，摸清城乡居民生活用能种类、用能量和用能结构，分析城乡居民生活用能差异，探究城乡居民节能意识与能源消费习惯。

② 基于历史统计数据，从生活能源消费量、消费品种构成、消费强度等角度，对山东省生活能源消费变化趋势进行回顾分析。

③ 分别依据调研数据和官方统计数据对影响生活能源消费的因素进行系统分析，找出影响生活能源消费的主要因素。

④ 采用数理统计法对山东省未来城镇化水平进行预测分析，尝试应用情景分析法对城镇化进程中山东省生活能源消费未来的变化进行研究分析，并提出减缓城镇化发展对生活能源消费影响的对策建议。

1.3.2 研究方法

（1）文献分析法

通过查阅大量国内外相关文献，系统梳理当前城镇化与生活能源消费的相关研究状况；通过分析整理前人的研究成果，拓宽思路，为本研究的开展提供有借鉴意义的信息和资料。

（2）问卷调研法

通过发放调查问卷、实地面访调查等方式，摸清山东省当前城乡居民用能现状，对比分析城乡用能差距，找出产生这些差距的原因，为课题研究提供现状基础资料支撑。

（3）计量经济学方法

使用单位根检验、协整理论、格兰杰因果检验等计量经济学方法，对城镇化与生活能源消费的关系进行分析。

（4）指数分解方法

运用 LMDI 指数分解法分析城镇化各因素对生活能源消费的影响效应，找出影响生活能源消费的主要因素。

（5）数学模型法

采用时间序列预测法、灰色预测法、二次指数平滑预测法以及组合权重法等对山东省未来城镇化水平进行预测分析。

（6）情景分析法

基于构建的 LMDI 模型，应用情景分析法对城镇化进程中山东省生活能源消费增量进行了研究分析。

第 2 章　山东省城镇化发展现状

2.1　山东省社会经济发展现状

《2016 年山东省国民经济和社会发展统计公报》显示，初步核算，全省实现 GDP 达 67 008.2 亿元，按可比价格计算，比上年增长 7.6%。其中，第一产业增加值为 4 929.1 亿元，增长 3.9%；第二产业增加值为 30 410.0 亿元，增长 6.5%；第三产业增加值为 31 669.0 亿元，增长 9.3%。三次产业比例由上年的 7.9∶46.8∶45.3 调整为 7.3∶45.4∶47.3，实现了由“二、三、一”向“三、二、一”的历史性转变。人均生产总值 67 706 元，按年均汇率折算为 10 193 美元。城镇新增就业 121.0 万人，就业形势基本稳定，其中，失业人员再就业 57.6 万人，困难群体再就业 9.0 万人。城镇登记失业率为 3.46%，低于 4%的全年调控目标。居民消费价格温和上涨，居民消费价格比上年上涨 2.1%，其中，城市居民消费价格上涨 2.2%，农村居民消费价格上涨 1.8%；服务项目价格上涨 2.0%，消费品价格上涨 2.1%。农业生产资料价格下降 1.1%，农产品生产者价格上涨 2.8%。工业生产者月度同比价格前降后升，全年出厂价格下降 1.5%，购进价格下降 2.0%。固定资产投资价格下降 0.9%。

区域经济协调发展方面，山东半岛蓝色经济区、黄河三角洲高效生态经济区分别实现生产总值 31 386.5 亿元和 9 081.6 亿元，分别比上年增长 7.8%和 7.3%；省会城市群经济圈、西部经济隆起带分别实现生产总值 23 230.0 亿元和 19 600.2 亿元，分别增长 7.4%和 7.6%。县域经济实力不断壮大，地方一般公共预算收入超过 30 亿元、50 亿元、70 亿元、100 亿元的县（市、区）分别达到 52 个、27 个、16 个、6 个。

非公有制经济方面，增加值为 39 040.9 亿元，比上年增长 7.7%；占 GDP 的

58.3%，比上年提高 0.1 个百分点。其中，民营经济增加值为 34 258.6 亿元，增长 8.0%；占 GDP 的 51.1%，提高 0.2 个百分点。

财政方面，地方一般公共预算收入 5 860.2 亿元，比上年增长 8.5%，其中，税收收入 4 212.6 亿元，增长 4.6%。地方一般公共预算支出 8 749.6 亿元，增长 6.1%，其中，社会保障和就业支出增长 9.9%，节能环保支出增长 10.3%，城乡社区支出增长 10.6%，住房保障支出增长 21.6%。年末金融机构本外币存款余额 85 683.5 亿元，比年初增加 8 885.0 亿元。年末金融机构本外币贷款余额 65 243.5 亿元，比年初增加 6 180.3 亿元，其中，涉农贷款余额 24 687.8 亿元，增加 1 413.5 亿元；县域贷款余额 20 188.8 亿元，增加 1 359.6 亿元；小微企业贷款余额 13 977.0 亿元，增加 1 771.8 亿元。

节能降耗方面，经初步核算，万元 GDP 能耗比上年下降 5.16%，规模以上工业万元增加值能耗下降 5.24%。重点调查的 68 种产品中，42 种产品单位能耗下降。一次能源转换为二次能源效率比上年提高 0.8 个百分点。规模以上工业企业能源回收利用率比上年提高 0.1 个百分点。工业生产用能占全社会用能的 76.5%，比上年下降 0.6 个百分点。

清洁能源生产方面，可再生能源发电量 23.67 GW·h，比上年增长 33.7%，占全部发电量的 4.4%，比上年提高 0.7 个百分点。其中，风力发电 14.25 GW·h，增长 38.5%；生物质发电 5.03 GW·h，增长 10.9%；水力发电 1.39 GW·h，增长 79.2%；太阳能发电 3 GW·h，增长 42.3%。

人口方面，全年出生人口 177.06 万人，比上年多 53.48 万人；出生率 17.89‰，比上年提高 5.34 个千分点。死亡人口 69.77 万人，死亡率 7.05‰。人口自然增长率 10.84‰，比上年提高 4.96 个千分点。年末常住人口 9 946.64 万人，比上年增加 99.48 万人，其中，0～14 岁人口占总人口的 16.42%，15～64 岁人口占 70.40%，65 岁及以上人口占 13.18%。

居民生活水平方面，城镇居民人均可支配收入 34 012 元，比上年增长 7.8%；人均消费支出 21 495 元，增长 8.3%。农村居民人均可支配收入 13 954 元，比上年增长 7.9%；人均消费支出 9 519 元，增长 8.8%。城镇、农村居民人均现住房建筑面积分别为 37.5 m^2 和 42.1 m^2。

从2016年各设区的市的社会经济发展情况来看，各市实现GDP为702.76亿～

1 011.29 亿元，常住人口城镇化率为 47.36%～71.53%；城镇居民人均可支配收入为 22 122～43 598 元，农村居民人均可支配收入为 10 705～17 969 元；城镇居民人均消费支出为 13 767～28 537 元，农村居民生活消费支出为 7 264～12 006 元。全省各设区的市 2016 年相关社会经济发展指标数据如表 2-1 所示。

表 2-1 2016 年全省各设区的市的相关社会经济发展指标

设区的市	年末常住人口/万人	常住人口城镇化率/%	GDP/亿元	三次产业结构/%			城镇居民人均可支配收入/元	农村居民人均可支配收入/元	城镇居民人均消费支出/元	农村居民生活消费支出/元
				第一产业	第二产业	第三产业				
济南市	723.31	69.46	6 536.12	4.9	36.2	58.9	43 052	15 346	28 537	9 396
青岛市	920.40	71.53	10 011.29	3.7	41.6	54.7	43 598	17 969	28 285	12 006
淄博市	468.69	69.11	4 412.01	3.4	52.5	44.1	36 436	15 674	23 697	11 225
枣庄市	391.56	55.47	2 142.63	7.6	51.2	41.2	27 708	13 018	15 932	8 573
东营市	213.21	66.67	3 479.60	3.5	62.2	34.3	41 580	14 999	24 879	11 348
烟台市	706.40	62.10	6 925.66	6.7	50.0	43.3	38 744	16 721	25 737	11 651
潍坊市	935.70	58.15	5 522.68	8.6	46.4	45.0	33 609	16 098	20 976	10 027
济宁市	835.44	55.25	4 301.82	11.2	45.3	43.5	29 987	13 615	18 202	8 812
泰安市	563.74	59.06	3 316.79	8.5	44.8	46.7	30 299	14 428	17 900	9 297
威海市	281.93	65.00	3 212.20	7.1	45.6	47.3	39 363	17 573	25 639	10 780
日照市	290.11	56.86	1 802.49	8.1	47.3	44.6	28 340	13 379	17 957	7 264
莱芜市	137.58	61.12	702.76	7.8	50.2	42.0	32 364	14 852	18 523	10 413
临沂市	1044.30	55.84	4 026.75	8.9	43.1	48.0	30 859	11 646	14 468	7 364
德州市	579.23	53.77	2 932.99	10.1	47.8	42.1	22 760	12 248	14 131	9 887
聊城市	603.68	48.50	2 859.18	11.8	49.5	38.7	23 277	11 387	13 516	8 255
滨州市	389.10	56.83	2 470.10	9.4	46.3	44.3	30 583	13 736	20 728	9 574
菏泽市	862.26	47.36	2 560.24	10.9	51.3	37.8	22 122	10 705	13 767	8 342

注：以上数据来源于《2016 年山东省国民经济和社会发展统计公报》和《山东省城镇化发展报告（2016）》。

2.2 山东省城镇化发展历程

新中国成立以来，山东省城镇化的发展大致经历了起步阶段、起伏阶段、稳定阶段和加速阶段。

2.2.1 起步阶段（1949—1957 年）

新中国刚刚成立之时，工业化也处于起步阶段，全国工作重心由乡村转向城市，急需扩大工业生产规模，致使大量农村人口转为城市人口，非农化率迅速提高，促进了城市发展。城镇化率由 1949 年的 6.6%上升到 1957 年的 8.4%。

2.2.2 起伏阶段（1958—1977 年）

该时期，经济发展有较大起伏，城市化建设也“一波三折”。先是 1958—1959 年的“过度城市化”，截至 1959 年，城镇化率升至 11.0%；1960—1964 年，山东省城镇化率由 1960 年的 10.4%下降到 1963 年的 8.4%，出现了山东省城镇化过程中的第一次“逆城镇化”现象；1965—1970 年，山东省的城镇化率又由 11.6%降至 7.5%，又出现了以第二次“逆城镇化”现象；此后城镇化率又有所回升，但速度缓慢，截至 1977 年只达到 13.3%。

2.2.3 稳定阶段（1978—2000 年）

1978—1990 年为改革开放的前期，经济的迅速发展促进了城镇建设和农村劳动力转移，使城镇个数和人口数量都大量增加，城镇化率由 1977 年的 13.3%上升至 1990 年的 27.3%，从而结束了城镇化长期徘徊不前的局面。1991—2000 年为社会主义市场经济快速发展时期，人口城镇化率上升至 38.2%，平均每年的升幅超过 1 个百分点。

2.2.4 加速阶段（2000 年以后）

21 世纪初，《中共山东省委　山东省人民政府关于加快城市化进程的意见》（鲁发〔2000〕17 号）确立了未来 10 年山东省要成为全国城镇化发达的地区之一，城镇化率达到 50%左右的目标。2003 年 6 月，省委召开工作会议，提出了“高起点、高标准、高效能、大思路、大手笔”，加快半岛城市群建设，实现全省城镇化发展的新突破，从而进一步加速了山东省城镇化建设的进程。2009 年，《中共山东省委　山东省人民政府关于大力推进新型城镇化的意见》（鲁发〔2009〕21 号）提出了到 2012 年，全省城镇化水平达到 50%以上，山东半岛城市群达到 60%以上；到 2020 年，全省城镇化水平达到 60%以上，山东半岛城市群达到 70%以上的目标。2014 年 2 月，中共山东省委及山东省人民政府召开了全省城镇化工作会议，对推进全省城镇化工作和开创全省城镇化工作新局面做了部署。2014 年 6 月，省委、省政府印发了《关于推进新型城镇化发展的意见》（鲁发〔2014〕9 号），标志着山东省城镇化建设进入一个全新的发展阶段。2015 年，为加快推进全省新型城镇化发展，山东省财政拨款 6 亿元设立了省级城镇化投资引导基金。2015 年，山东省城镇化率已达到 57.01%，高于全国 56.10%的平均水平。2016 年，山东省常住人口达到 9 946.64 万人，其中城镇常住人口 5 870.51 万人，增加了 256.64 万人。常住人口城镇化率达到 59.02%，比 2015 年提高 2.01 个百分点，连续两年增速超过 2 个百分点，增长幅度高出全国平均水平 0.76 个百分点，增幅居全国第 2 位。

2.3　山东省城镇化发展水平概况

2.3.1　当前城镇化发展水平状况

近年来，山东省经济快速增长，为城镇化转型发展奠定了良好的物质基础。根据城镇化发展规律，山东省城镇化率仍处于 30%～70%的快速发展区间。2016 年，山东省常住人口城镇化率达到 59.02%，比上年增长 2 个百分点，高于全国 57.35%的平均水平。从各市城镇化发展现状来看，2014 年，青岛、济南、淄博、东营、威海 5 个市常住人口城镇化率超过 60%，处于中级城市型社会；烟台、莱芜、泰安、潍坊、日照、滨州、临沂、枣庄、济宁 9 个市常住人口城镇化率为 50%～60%，其中济宁首次突破 50%；德州、聊城和菏泽常住人口城镇化率为 43%～50%。2015 年，青岛、济南、淄博、东营、威海、烟台 6 个市常住人口城镇化率超过 60%；莱芜、泰安、潍坊、临沂、日照、滨州、枣庄、济宁、德州 9 个市常住人口城镇化率为 50%～60%，聊城和菏泽常住人口城镇化率为 45%～50%。

1978—2016 年，全省城镇化率从 1978 年的 13.46%提升到 2016 年的 59.01%，年均提高 1.2 个百分点。其中，2005—2016 年，全省城镇人口、常住人口城镇化率和户籍人口城镇化率均呈增加趋势（图 2-1）。全省城镇人口从 4 166.15 万增加到 5 870.51 万，增长人口约为 1 704 万；常住人口城镇化率由 2005 年的 45.00%

提升到2016年的59.02%，年均提高约1.27个百分点；户籍人口城镇化率由2005年的34.16%提升到2016年的49.04%，年均提高约1.35个百分点。

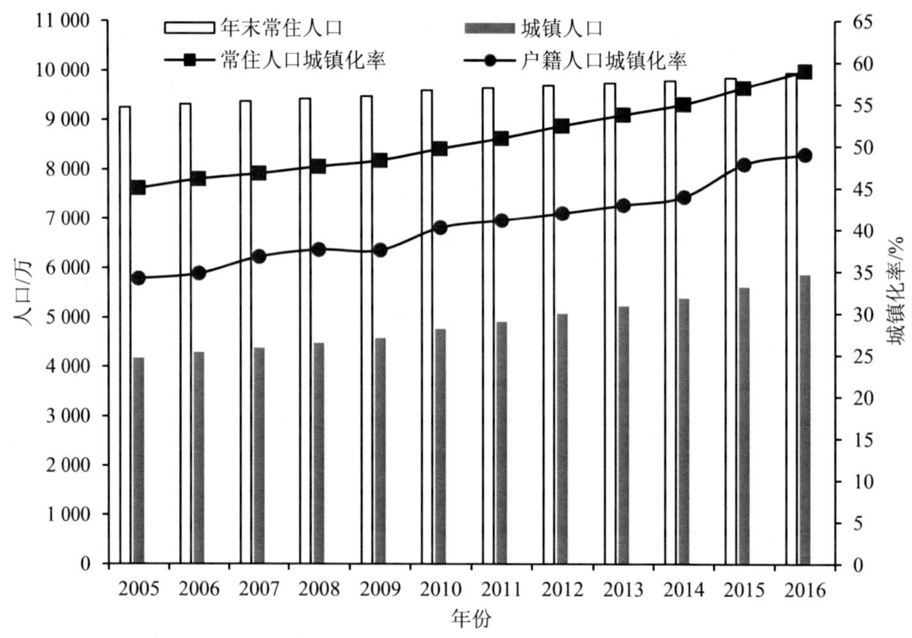

图 2-1 山东省 2005—2016 年城镇化率变化

近20年来，山东省城镇数量明显增加，城镇人口加速集聚，形成了以山东半岛城市群为主体，济南、青岛、淄博、烟台、潍坊、济宁、临沂7个大城市，枣庄、东营、泰安、威海、日照、德州、聊城、滨州、菏泽9个中等城市，89个小城市，1 086个小城镇协调发展的城镇格局。山东省跨省流动人口较少，全省1 370万流动人口中，85%在省内流动，48%在县内转移，呈现典型的本地城镇化特征。东部发达县（市）的近域流动比例高达70%以上。

2.3.2 国家和省级城镇化试点情况

近年来，山东省出台了《关于推进新型城镇化发展的意见》（鲁发〔2014〕9号）等一系列政策文件、编制了《山东省新型城镇化规划（2014—2020年）》《山东省农村新型社区和新农村发展规划（2014—2030年）》等规划文件，17个设区的市全部编制了规划并出台了一系列政策措施。青岛、威海、德州、郓城、章丘、龙口、邹城、兰山区义堂镇入选国家新型城镇化试点，山东成为全国试点城市最多的省份。按照要求，试点地区力争在2017年取得阶段性成果，形成可复制、可推广的经验，并于2018—2020年逐步在全国范围内推广。

2015年3月，按照山东省住房和城乡建设厅、山东省发展改革委等11部门联合印发的《关于开展新型城镇化试点工作的通知》(鲁建办字〔2014〕18号)中的有关要求，将莱芜市、章丘市、桓台县、滕州市、广饶县、龙口市、寿光市、邹城市、新泰市、沂水县、茌平县、邹平县、胶州市李哥庄镇、滕州市西岗镇、广饶县大王镇、莱州市沙河镇、肥城市石横镇、日照市涛雒镇、邹平县魏桥镇等19个城市(县、镇)列为省级新型城镇化综合试点地区。

2.3.3 城镇化发展相关规划

(1)《山东半岛城市群总体规划(2006—2020年)》

《山东半岛城市群总体规划(2006—2020年)》于2007年7月对外公布。山东半岛城市群是由济南、青岛、淄博、东营、烟台、潍坊、威海、日照8个设区的市构成的城市地域空间组合。规划指出：2010年山东半岛城市群区域总人口4 710万人，城市化水平达到60%；2020年城市群区域总人口5 590万人，城市化水平70%，其中重点建设济南、青岛两个超大城市，2020年城市人口将分别达到800万人和1 200万人，城市化水平将分别达到79%和77%。

(2)《黄河三角洲高效生态经济区发展规划》

2009年12月，国家发展改革委印发了《黄河三角洲高效生态经济区发展规划》。该规划的范围包括山东省的东营市、滨州市，潍坊市的寒亭区、寿光市、昌邑市，德州市的乐陵市、庆云县，淄博市的高青县和烟台市的莱州市，共19个县(市、区)，陆地面积2.65万km^2。规划指出：黄河三角洲高效生态经济区城镇化水平近期目标是到2015年达到54%，远景展望是到2020年达到60%。

(3)《山东省城镇化发展纲要(2012—2020年)》

2013年1月，山东省人民政府印发了《山东省城镇化发展纲要(2012—2020年)》。纲要指出：到2015年，城镇化水平进一步提高，全省城镇化率达到56%(户籍人口城镇化率达到47%)；到2020年，全省城镇化率达到63%(户籍人口城镇化率达到 56.5%）。

（4）《省会城市群经济圈发展规划》

2013 年 8 月，山东省人民政府印发了《省会城市群经济圈发展规划》。规划范围为：省会济南及周边的淄博、泰安、莱芜、德州、聊城、滨州，共 7 市，52 个县（市、区）；总人口 3 368 万，国土面积 52 076 km^2，分别占全省的 34.8%和 33.2%。规划指出：到 2020 年，城镇化率达到 65%左右，城镇化质量明显提高。

（5）《西部经济隆起带发展规划》

2013 年 8 月，山东省人民政府印发了《西部经济隆起带发展规划》。规划范围：主要包括枣庄、济宁、临沂、德州、聊城、菏泽 6 市和泰安市的宁阳县、东平县，共 60 个县（市、区）；面积 67 179 km^2，人口 4 481 万，分别占全省的 42.8%和 46.5%。规划指出：到 2020 年，西部地区城镇化率达到 60%左右。

（6）《山东省新型城镇化规划（2014—2020 年）》

2014 年 10 月，中共山东省委、山东省人民政府印发了《山东省新型城镇化规划（2014—2020 年）》。规划提出：到 2020 年，全省常住人口城镇化率达到 62%左右，户籍人口城镇化率达到 52%左右。努力实现 700 万左右农业转移人口在城镇落户，促进 1 000 万左右城中村居民完全市民化。

（7）《山东省城镇体系规划（2011—2030 年）》

2017 年 3 月，《山东省城镇体系规划（2011—2030 年）》正式发布。规划指出：2020 年全省城镇化水平达到 65%左右，城镇人口约 6 700 万，城镇建设用地面积控制在 10 081 km^2 以内，城乡建设用地面积控制在 20 074 km^2 以内。2030 年全省城镇化水平达到 75%左右，城镇人口约 8 000 万，城乡建设用地总量得到有效控制。要提高城镇建设用地利用效率，严控增量，盘活存量，合理布局，保护耕地，优化城乡建设用地结构，统筹地上地下空间。各类开发区、城市新区用地要纳入城镇建设统一规划管理。

（8）《山东省国民经济和社会发展第十三个五年规划纲要》

2016 年 3 月，山东省人民政府印发了《山东省国民经济和社会发展第十三个五年规划纲要》。纲要提出了“十三五”时期城镇化率的发展目标为：到 2020 年，常住人口城镇化率超过 65%，户籍人口城镇化率超过 55%。

2.4　山东省城镇化未来发展方向与行动

城镇化是现代化的必由之路，是一项艰巨的系统工程，是解决农业、农村、农民问题的重要途径，是推动区域协调发展的有力支撑，是扩大投资、拉动消费、促进产业升级的潜力所在，对全面建成小康社会、加快建设经济文化强省具有重大意义。必须遵循城镇化发展规律，加快以人为核心的新型城镇化步伐，有序推进农业转移人口市民化，稳步实现城镇基本公共服务常住人口全覆盖，实现由速度型向质量型、规模城镇化向人口城镇化转变。

2.4.1　山东省未来城镇化发展方向

一是优先推进外来务工人员市民化。深化户籍制度改革，细化完善和实施差别化落户政策，促进有能力在城镇稳定就业和生活的农业转移人口举家进城落户。拓展外来务工人员就业渠道，发展一批公益性职业介绍机构。对录用外来务工人员的企业给予一定税收优惠，引导和鼓励外来务工人员参加职业技能培训。鼓励企业将闲置厂房改造成集体宿舍，支持外来务工人员集中的城区、街道（乡镇）、社区（村）建设廉租公寓，通过贴息、补助等方式，鼓励房地产企业将符合条件的商品房改造为公共租赁住房。完善外来务工人员社会保险关系转移接续，扩大参保覆盖面。妥善解决外来务工人员子女进城上学问题。在山东省“十三五”规划期间，努力实现 1 000 万农业转移人口落户城镇。

二是加快推进城中村和城边村原有居民市民化。加大支持力度，合理配置用地，有序推进具备条件的城中村、城边村改造，按标准建设新型社区，配套完善基础设施和公共服务设施，成建制推动当地居民市民化。推动纳入改造范围的城中村的产权制度改革，按公司运营要求完善产权管理制度。创新城中村改造投融资机制，坚持资金筹措多元化、资金利用市场化、基础设施社会化，通过合作开发、自主开发等形式，全面推进城中村改造项目建设。妥善处理原住居民补偿问题，积极落实城中村原村民社会保障政策和社会保障资金，鼓励通过项目开发建设筹集社保资金。

三是规范推进农村就地转移就业人口市民化。加快小城镇和农村新型社区建设，积极推动经济以非农产业为主体、人口达到一定规模的乡村和不在城镇驻地的企业工矿区，发展成为新型城镇化社区。配套建设各类工业园区和经济开发区，壮大特色产业集群，拓宽就近、就地就业渠道。引导农民从事制造业、建筑业、矿产业，以及批发零售、电子商务、住宿餐饮、家政服务等产业。鼓励农民从事农产品加工、销售、流通、储运等行业，支持发展乡村旅游和休闲观光项目，挖掘非农产业就业空间。

四是完善配套政策。统筹推进户籍、财税、区划等制度改革，健全就业、教育、文化、医疗、社保等公共服务体系，构建政府、企业、个人共同参与的农业转移人口市民化成本分担机制。全面推行居住证制度，逐步实现基本公共服务常住人口全覆盖。健全财政转移支付同农业转移人口市民化挂钩机制，建立城镇建设用地增加规模同吸纳农村转移人口落户数量挂钩机制。明确各级政府支出责任，增强吸纳农业转移人口较多地区政府的公共服务保障能力。维护进城落户农民土地承包权、宅基地使用权、集体收益分配权，支持引导其依法自愿有偿转让权益。加快撤县设区（市），积极稳妥地推进乡镇合并、镇改街道、村改居，支持符合条件的农村社区和企业工矿区纳入城镇体系管理。深入推进青岛、威海、德州、郓城、邹城、章丘、龙口、临沂兰山区义堂镇等国家新型城镇化综合试点和平度等中小城市综合改革试点。

2.4.2 未来城镇化行动

《山东省国民经济和社会发展第十三个五年规划纲要》指出了未来城镇化行动的方向。

一是转移人口市民化。以外来务工人员市民化、城中村和城边村原有居民市民化、农村就地转移就业人口市民化为重点，实现农业转移人口市民化。其中，济南、青岛等市城区年均增长 6 万～8 万人；淄博、烟台、潍坊、临沂等市城区年均增长 3 万～4 万人；其他设区的市和经济强县（市）城区年均增长 1 万～2 万人；一般县（市）城区年均增长 0.5 万人以上；小城镇和农村新型社区重点吸纳就地转移人口。

二是新生中小城市。以镇区常住人口规模、人口密度和经济规模为基准，加快一批符合条件的县城和特大镇整合提升，培育形成 20 个左右功能完善、特色鲜明的新生中小城市。

三是特色小城镇。选择一批具有特色资源、区位优势和文化底蕴的小城镇，通过扩权增能、加大投入和扶持力度，将其培育成为休闲旅游、商贸物流、信息产业、智能制造、民俗文化传承等特色镇，带动美丽乡村发展。

第 3 章　山东省生活能源消费现状调查研究

3.1　调查内容与方式

通过对山东省城市与农村居民用能情况进行调研，摸清当前山东省城乡用能现状，包括用能种类、用能量、用能结构等信息，了解当前城乡居民节能意识、能源消费行为习惯等内容。基于调研数据，系统分析城市居民与农村居民用能差异，揭示山东省生活能源消费的现状特征。

3.1.1　调研范围

1．调研地点选取的基本原则

城镇化水平应各异。选择的调研地点应具有不同水平的城镇化率，应能代表全省的城镇化水平（表 3-1）。

表 3-1　调研区域 2015 年常住人口城镇化率

区域	常住人口城镇化率/%	区域	常住人口城镇化率/%
济南	67.96	即墨	53.22
青岛	69.99	诸城	58.13
潍坊	55.80	寿光	58.12
济宁	52.97	曲阜	58.22
菏泽	45.13	邹城	55.84
章丘	50.24	郓城	45.37
胶州	53.55	—	—

注：数据来源于《山东省城镇化发展报告（2016）》。

社会经济发展状况不同。所选择的各调研地点的社会经济发展状况应具有差异，且兼顾东、中、西部的分布。如青岛、潍坊位于东部，济南位于中部，济宁、菏泽位于西部，且每个地区的社会经济发展状况应各异。

纳入国家新型城镇化综合试点地区和省级新型城镇化综合试点县市应优先选择。青岛市、郓城县、章丘市、邹城市于 2015 年先后纳入国家新型城镇化综合试点地区，同时章丘市、寿光市、邹城市也纳入了省级新型城镇化综合试点县市。

2. 调研地点的确定

根据上述调研地点的选取原则，本次调研共选取了济南、青岛、潍坊、济宁、菏泽 5 个设区的市以及章丘、即墨、胶州、寿光、诸城、邹城、曲阜、郓城 8 个县级市（县、区），共计 13 个市（县、区）开展城乡居民用能现状调研工作。

此外，在选择调研样本时，尽量选择异质性比较大的样本，不允许将调查问卷向同一小区或同一村庄的住户发放，每个家庭只发放一份调查问卷，且需将在住家进行生产经营的家庭户排除在外。

3.1.2 调研内容

针对山东省城乡居民生活用能实际，设计较为详细的调查问卷，内容基本涵盖了当地生活用能的相关信息。

1. 样本信息

主要包括受访者来源、受访者姓名、性别、年龄、教育程度、家庭人数、家庭收入等内容。

2. 直接用能消费

主要包括房屋类型、房屋面积、建造时间、节能改造措施、用电情况、炊事用能方式、燃料使用量、采暖方式、出行交通方式及交通能耗等。

3. 节能意识

主要包括对能源短缺问题的关心、对节能工作的了解、节能减排信息的获取、对节能能源的重视程度、采取的节能措施以及关心节能的出发点 6 个方面的问题。

4. 能源消费行为习惯

主要设置了 10 个有关能源消费行为的问题，如“从冰箱存取物品时，少开冰箱门”“做饭时，实时调节燃气大小或关闭燃气阀门”“有节制地使用空调或取暖器，选择增减衣物的方式来适应室温”“选择淋浴，并减少洗浴时间”“尽可能选择公共交通、自行车或步行方式出行”等。

5．开放式问题

为进一步了解居民关于“城镇化对能源消费的影响”“对新能源或可再生能源的意愿”，又设计了 6 个开放式问题，如“是否同意生活能源消费增加会影响环境问题”“是否同意城镇化会加快能源消费量的增长”“是否愿意使用新能源或可再生能源”等。

3.1.3 调研方式

本次调研主要采取问卷调查、面访调查、资料查阅等方式调查城市和农村居民用能现状。同时，在调研过程中，积极征求相关行业专家意见，确保调研内容的翔实、可靠。2016 年 1 月 16—31 日，对济南、青岛、潍坊、济宁、菏泽 5 个设区的市和章丘、即墨、胶州、寿光、诸城、邹城、曲阜、郓城 8 个县级市（县、区）的城乡能源消耗现状进行了调研。每个市、县、区的城市和农村各发放调研问卷 200 份，共计发放问卷 5 200 份。调研期间，调研人员还对居民用能相关问题进行了面访调查。

3.2 调查区域概况

3.2.1 地理位置

济南市位于山东省的中部，南依泰山，北跨黄河，地处鲁中南低山丘陵与鲁西北冲积平原的交接带上，地势南高北低。济南是山东省的省会，为全省政治、经济、文化、科技、教育和金融中心，是重要的交通枢纽，总面积为 10 244 km^2。辖市中区、历下区、槐荫区、天桥区、历城区、长清区、章丘区、济阳区、莱芜区、钢城区、平阴县、商河县，共设 10 区 2 县。全市年平均降水量 559.6 mm，全市年平均气温 15.0℃，平均日照时数 2 388.0 h。

青岛市地处山东半岛南部。东、南濒临黄海，东北与烟台市毗邻，西与潍坊市相连，西南与日照市接壤。全市总面积为 11 293 km^2。辖 7 个市辖区（市南、市北、李沧、崂山、黄岛、城阳、即墨），代管 3 个县级市（胶州、平度、莱西）。市区年平均气温 12.7℃，年平均降水量为 662.1 mm，年平均风速为 5.2 m/s，以南东风为主导风向。年平均相对湿度为 73%。

潍坊市位于山东半岛中部，居半岛城市群中心位置。东与青岛、烟台两市连接，西邻淄博、东营两市，南连临沂、日照两市，北濒渤海莱州湾。辖奎文、潍城、寒亭、坊子 4 个区，青州、诸城、寿光、安丘、高密、昌邑 6 个县级市，临朐、昌乐 2 个县，另有高新技术产业开发区、滨海经济技术开发区、峡山生态经济发展区、综合保税区 4 个市属开发区。全市土地总面积为 16 100 km^2，年平均降水量 613.2 mm，年平均日照时数 2 418.1 h。

济宁市位于鲁西南腹地，地处黄淮海平原与鲁中南山地交接地带。东邻临沂，西接菏泽，南面是枣庄和江苏徐州，北面与泰安交界，西北角隔黄河与聊城相望，土地面积为 11 187 km^2。辖 2 区 2 市 7 县，即任城区、兖州区、曲阜市、邹城市、微山县、鱼台县、金乡县、嘉祥县、汶上县、泗水县、梁山县。济宁市位于东亚季风气候区，属暖温带季风气候，四季分明，年平均降水量在 597 mm 左右。

菏泽市地处山东省西南部，与苏、豫、皖三省接壤。东与济宁市相邻，东南与江苏省徐州市、安徽省宿州市接壤，南与河南省商丘市相连，西与河南省开封市、新乡市毗邻，北接河南省濮阳市，总面积 12 238.62 km^2。辖牡丹区、定陶区、曹县、成武县、单县、巨野县、郓城县、鄄城县、东明县 2 区 7 县。年平均降水量 652.5 mm。

3.2.2 城镇化发展概况

2015 年年底，济南市常住人口 713.20 万人，比上年增长 9.07‰；常住人口城镇化率达到 67.96%，比上年提高 1.55%，户籍人口城镇化率为 57.37%。章丘市常住人口 109.33 万人，比上年增长 0.17%，常住人口城镇化率为 50.24%，户籍人口城镇化率为 40.12%。

2015 年年底，青岛市常住人口为 909.70 万人，比上年增长 0.56%，常住人口城镇化率为 69.99%，户籍人口城镇化率为 59.55%。即墨市常住人口 120.20 万人，常住人口城镇化率为 53.22%，户籍人口城镇化率为 44.31%。胶州市常住人口 87.6 万人，人口自然增长率为 0.85‰，常住人口城镇化率为 53.55%，户籍人口城镇化率为 43.76%。

2015 年年底，潍坊市常住人口为 927.72 万人，同 2014 年相比增加 3 万人，常住人口城镇化率为 55.80%，户籍人口城镇化率为 50.71%。诸城市常住人口 110.22 万人，常住人口城镇化率为 58.13%，户籍人口城镇化率为 53.61%。寿光市户籍人口 115.84 万人，常住人口城镇化率为 58.12%，户籍人口城镇化率为 53.50%。

2015 年年底，济宁市常住人口 829.92 万人，其中城镇人口 437.82 万人，农村人口 392.1 万人，常住人口城镇化率为 52.75%，户籍人口城镇化率为 44.31%。曲阜市户籍人口 65.07 万人，常住人口城镇化率为 58.22%，户籍人口城镇化率为 45.64%。邹城市户籍人口 114.42 万人，常住人口城镇化率为 55.84%，户籍人口城镇化率为 46.93%。

2015 年年底，菏泽市共有常住人口 850.03 万人，比上年增长 7.4%；常住人口城镇化率达到 45.13%，同比提高 2.07%。郓城县户籍人口 107.98 万人，常住人口城镇化率为 45.37%，户籍人口城镇化率为 36.30%。

3.2.3 社会经济发展概况

2015 年，济南市生产总值 6 100.23 亿元，按可比价格计算，比上年增长 8.1%；城镇居民人均可支配收入 39 889 元，增长 8.0%；农村居民人均可支配收入 14 232 元，增长 8.5%。2015 年年底，章丘市完成生产总值 870.78 亿元，比上年增长 9.0%；城镇居民人均可支配收入 30 477 元，增长 8.3%；农村居民人均可支配收入 16 665 元，增长 8.5%。

2015 年，青岛市生产总值 9 300.07 亿元，按可比价格计算，增长 8.1%。城镇居民人均可支配收入 40 370 元，增长 8.1%；农村居民人均可支配收入 16 730 元，增长 8.4。即墨市实现生产总值 1 100.89 亿元，按可比价增长 10.7%，城镇居民人均可支配收入 36 631 元，农民居民人均可支配收入 16 912 元。胶州市生产总值 981.15 亿元，按可比价格计算，比上年增长 9.3%，人均 GDP 达到 112 003 元。城镇居民人均可支配收入 35 877 元，增长 8.0%；农民人均可支配收入 17 220 元，增长 8.3%。

2015 年，潍坊市完成 GDP 总量 5 170.53 亿元，按可比价格计算，比上年增长 8.3%。城镇居民人均可支配收入 31 060 元，增长 8.3%；农村居民人均可支配收入 14 890 元，增长 9.2%。诸城市全市地区生产总值 746.5 亿元，按可比价格计算，同比增长 8.1%。城镇居民人均可支配收入 31 599 元，增长 8.3%；农村居民人均可支配收入 15 833 元，增长 9.1%。寿光市全年完成地区生产总值 806.94 亿元，按可比价格计算，比上年增长 8.3%。全市居民人均可支配收入 25 121 元，同比增加 2 162 元，同比增长 9.4%。人均生活消费支出 15 047 元，消费支出占可支配收入的比重为 59.9%。

2015 年，济宁市全市实现地区生产总值 4 013.12 亿元，按可比价格计算，比上年增长 8.4%；全市居民人均可支配收入 20 120 元、增长 9.1%；人均消费支出 12 390 元、增长 9.1%。其中，城镇居民人均可支配收入 27 887 元、增长 7.8%，人均消费支出 17 093 元、增长 6.7%；农村居民人均可支配收入 12 570 元、增长 9.1%，人均消费支出 7 818 元、增长 11.9%。曲阜市地区生产总值 386.51 亿元，居民储蓄存款余额 1 803 577 万元。城镇居民人均可支配收入 24 034 元，增长 8.1%；农村居民人均可支配收入 12 111 元，增长 9.1%。邹城市地区生产总值 830.69 亿元，居民储蓄存款余额 32 526 343 万元。

2015 年，菏泽市全市实现地区生产总值 2 400.96 亿元，按可比价格计算，比上年增长 9.3%，其中城镇居民人均可支配收入 20 370 元，增长 8.5%；农村居民人均可支配收入 9 802 元，增长 9.8%。郓城县实现地区生产总值 314.68 亿元，居民储蓄存款余额 2 769 794 万元。城镇居民人均可支配收入 20 639 元，比上年增长 8.49%。农村居民人均可支配收入 9 977 元，比上年增长 9.93%。

3.3 调查结果分析

3.3.1 调查样本基本情况

本次调研采取随机取样调查的方式共发放问卷 5 200 份，其中城市区域发放 2 600 份，农村区域发放 2 600 份；问卷回收率 100%。经过对每份问卷有效性验证，剔除无效问卷后，最终获取有效问卷 4 617 份，有效率 88.79%，其中城市区域 2 316 份，有效率 89.08%，农村区域 2 301 份，有效率 88.50%。具体情况如表 3-2 和图 3-1、图 3-2 所示。

表 3-2 调查区域问卷情况

序号	市（县、区）	城市区域			农村区域		
		发放问卷/份	有效问卷/份	有效率/%	发放问卷/份	有效问卷/份	有效率/%
1	济南	200	189	94.50	200	200	100.00
2	章丘	200	174	87.00	200	186	93.00
3	青岛	200	134	67.00	200	196	98.00
4	即墨	200	171	85.50	200	136	68.00
5	胶州	200	199	99.50	200	181	90.50
6	潍坊	200	145	72.50	200	200	100.00
7	寿光	200	191	95.50	200	195	97.50
8	诸城	200	179	89.50	200	140	70.00
9	济宁	200	185	92.50	200	163	81.50
10	邹城	200	200	100.00	200	197	98.50
11	曲阜	200	191	95.50	200	165	82.50
12	菏泽	200	196	98.00	200	190	95.00
13	郓城	200	162	81.00	200	152	76.00
合计		2 600	2 316	89.08	2 600	2 301	88.50

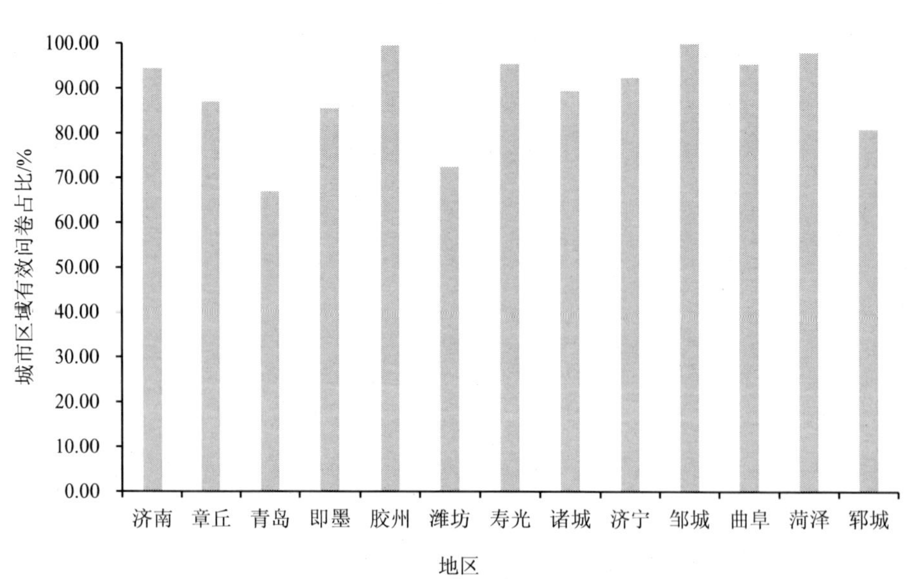

图 3-1 城市调查区域回收有效问卷情况

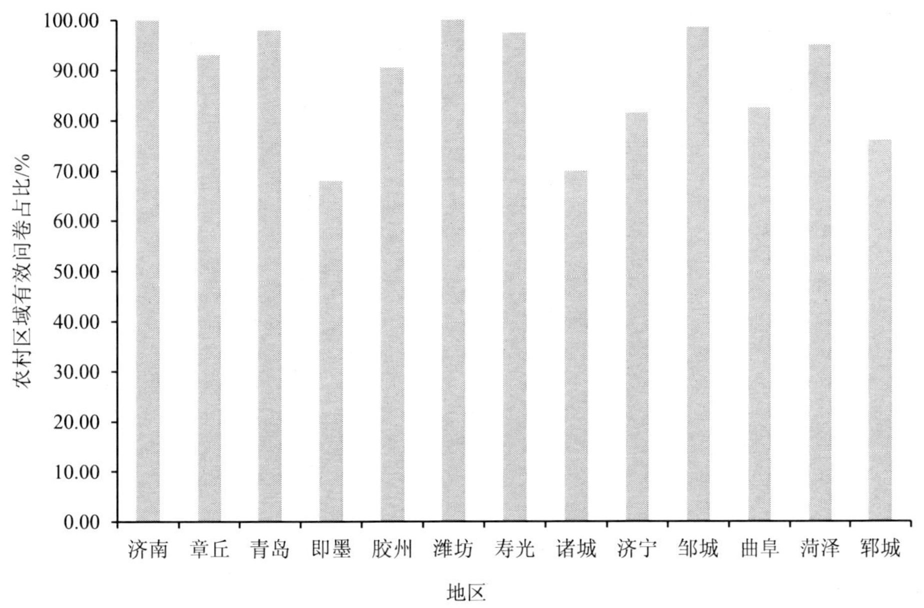

图 3-2　农村调查区域回收有效问卷情况

1．性别

本次城市区域调查中，男性居民为 1 189 人，占城市调查总人数的 51.34%；女性居民为 1 127 人，占城市调查总人数的 48.66%。农村调查中，男性居民为 1 546 人，女性为 755 人，分别占农村调查总人数的 67.19%和 32.81%，如表 3-3 和图 3-3 所示。

表 3-3　受访者性别组成

性别	城市居民		农村居民	
	调查人数/人	比例/%	调查人数/人	比例/%
男	1 189	51.34	1 546	67.19
女	1 127	48.66	755	32.81

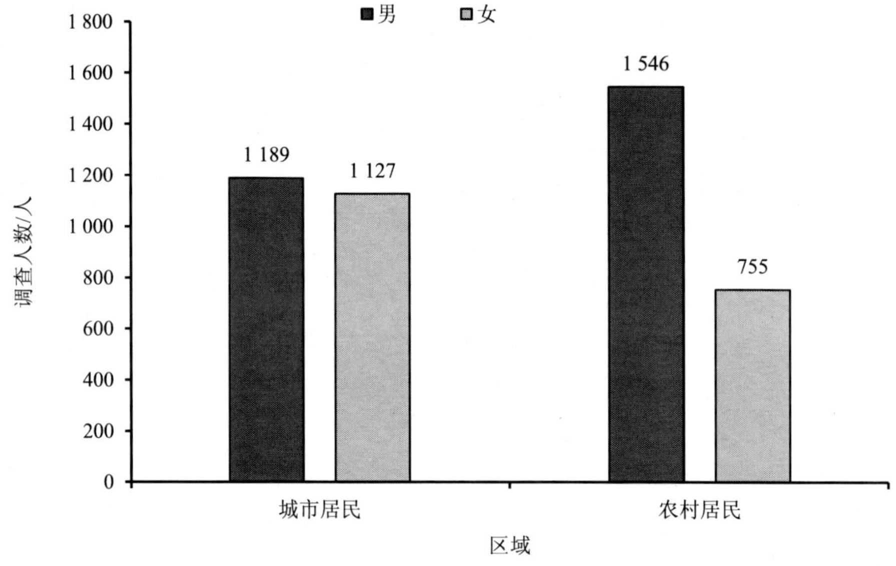

图 3-3 受访者性别组成

2. 年龄

本次调查居民在各个年龄段均有分布，但大部分集中在 21～50 岁。其中，城市调查居民年龄为 21～50 岁的有 1 936 人，占城市调查总人数的 83.59%；农村调查居民年龄在 21～50 岁的有 1 591 人，占农村调查总人数的 69.14%。如表 3-4 和图 3-4 所示。

表 3-4 受访者年龄组成

年龄/岁	城市居民		农村居民	
	调查人数/人	比例/%	调查人数/人	比例/%
16～20	187	8.07	208	9.04
21～30	413	17.83	346	15.04
31～40	705	30.44	488	21.21
41～50	818	35.32	757	32.90
51～60	146	6.30	338	14.69
61～70	47	2.03	164	7.13

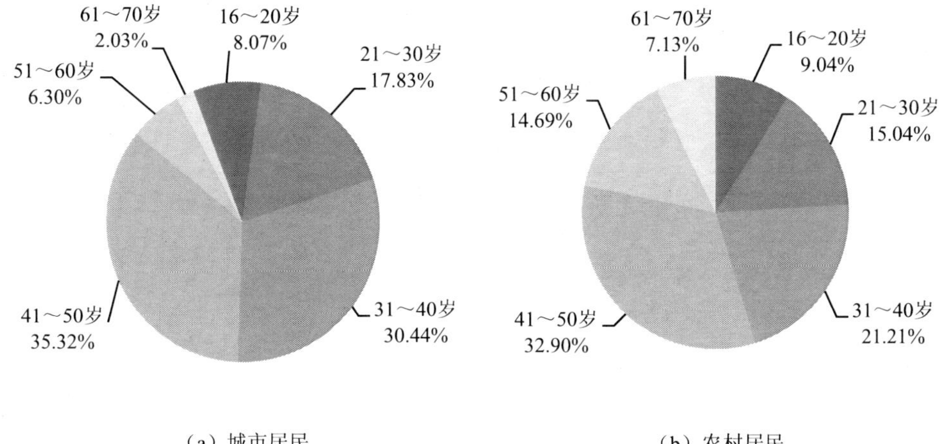

（a）城市居民　　　　（b）农村居民

图 3-4　受访者年龄分布

3．受教育程度

受访者教育程度涵盖小学、中学（初中、高中及中专）、大学及以上学历。从调查结果来看（表 3-5 和图 3-5），被调查的城市居民受教育程度高于农村居民，主要表现在城市调查区域居民接受高中或中专以上教育程度的人数要远高于农村区域，接受初中及以下教育程度的人数要低于农村区域。城市调查中居民接受高中或中专以上教育程度的人数为 1 924 人（为农村的 2.08 倍），占城市调查总人数的 83.07%，其中大学以上学历占 49.61%；农村调查中居民接受高中或中专及以下教育程度的人数为 1 915 人，占农村调查总人数的 83.22%，其中初中和小学学历占 59.80%。

表 3-5　受访者受教育程度组成

受教育程度	城市居民		农村居民	
	调查人数/人	比例/%	调查人数/人	比例/%
小学	79	3.41	404	17.56
初中	313	13.51	972	42.24
高中或中专	775	33.46	539	23.42
大学	1074	46.37	380	16.51
研究生及以上	75	3.24	6	0.26

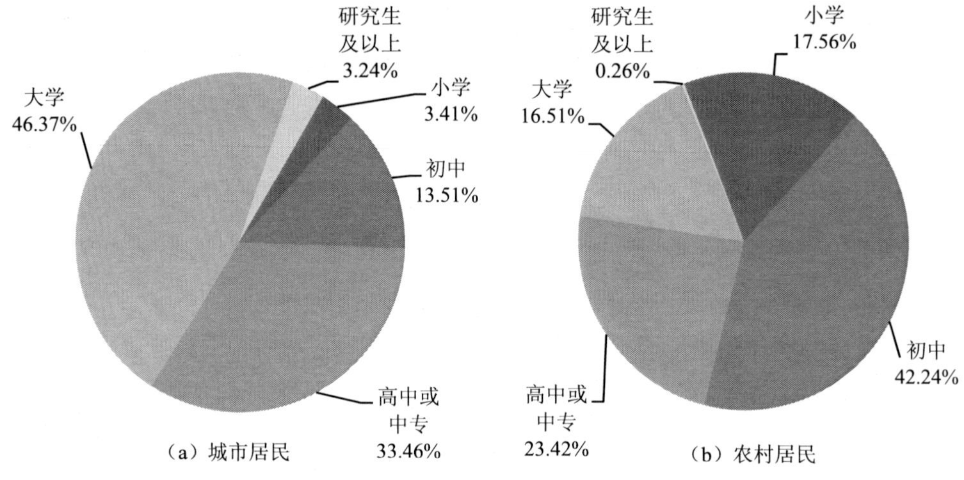

图 3-5 受访者受教育程度分布

4. 职业

受访者从事的职业涵盖务农、打工、个体经营、企业职员、机关事业单位职员。如表 3-6 和图 3-6 所示，被调查城市居民的职业中，在企业、机关事业单位工作的和从事个体经营的占多数，占城市调查总人数的 76.17%；被调查的农村居民从事打工、务农、个体经营的人数占多数，占农村调查总人数的 71.49%。

表 3-6 受访者职业组成

职业	城市居民		农村居民	
	调查人数/人	比例/%	调查人数/人	比例/%
务农	0	0.00	603	26.21
打工	261	11.27	639	27.77
个体经营	457	19.73	403	17.51
企业单位	661	28.54	230	10.00
机关事业单位	646	27.89	129	5.61
无业	291	12.56	297	12.91

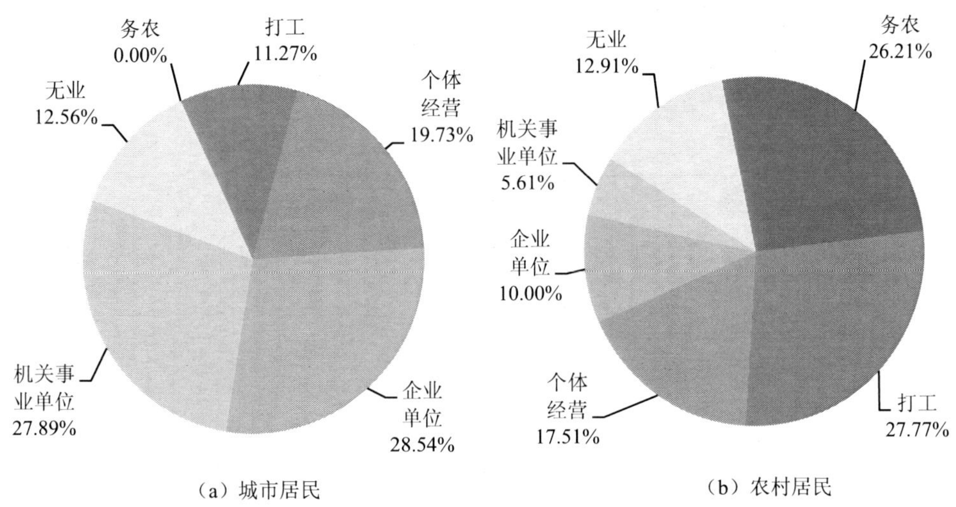

图 3-6　受访者职业分布

5. 家庭常住人口数

本次调查的家庭人数是指家庭常住人口数。调查区域城市家庭人数和农村家庭人数均以 3 人和 4 人为主，分别占城市调查样本数的 78.41%和农村调查样本数的 72.49%，具体如表 3-7 和图 3-7 所示。

表 3-7　受访者家庭人口情况

家庭人数/人	城市居民		农村居民	
	调查人数/人	比例/%	调查人数/人	比例/%
1	43	1.86	39	1.69
2	225	9.72	312	13.56
3	1 154	49.83	915	39.77
4	662	28.58	753	32.72
5 人及以上	232	10.02	282	12.26

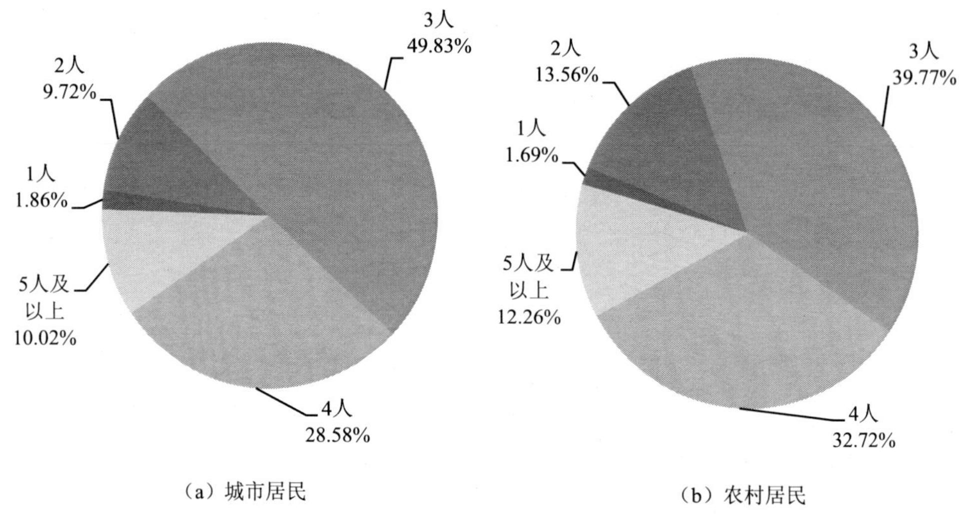

图 3-7 受访者家庭人口情况分布

6．家庭收入

调查区域城市居民家庭平均年收入远高于农村居民家庭，城市居民家庭平均年收入为 6.96 万元，农村居民家庭平均年收入为 2.95 万元。城市家庭年收入主要集中在>4 万～7 万元、>7 万～10 万元及>10 万元档次，占城市调查样本的 83.33%；农村家庭年收入主要集中在 2 万～3 万元、3 万～4 万元及 4 万元以上档次，占农村调查样本的 78.44%（表 3-8 和图 3-8）。

表 3-8 受访者家庭收入情况

城市居民			农村居民		
家庭年收入	调查人数/人	比例/%	家庭年收入	调查人数/人	比例/%
≤2 万元	126	5.44	≤1 万元	146	6.35
>2 万～4 万元	260	11.23	>1 万～2 万元	350	15.21
>4 万～7 万元	703	30.35	>2 万～3 万元	543	23.60
>7 万～10 万元	707	30.53	>3 万～4 万元	596	25.90
>10 万元	520	22.45	>4 万元	666	28.94

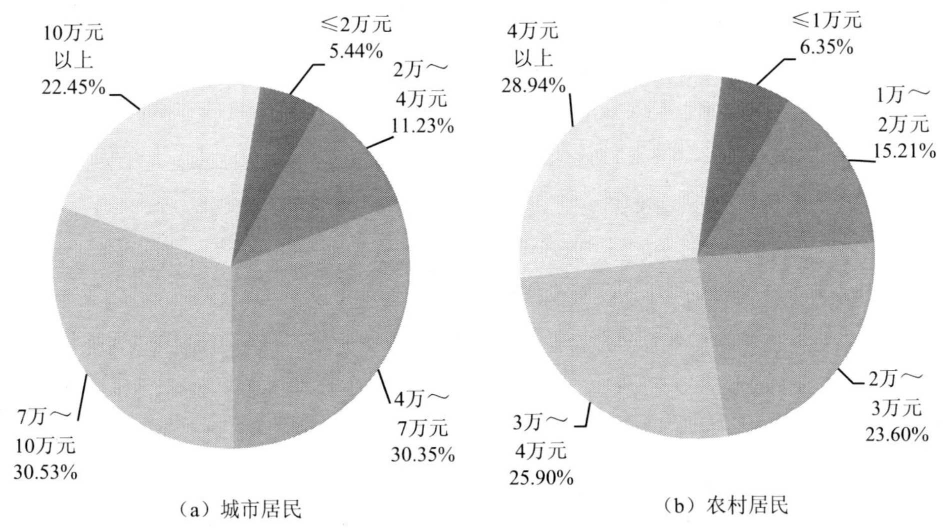

图 3-8　受访者家庭收入分布

7. 家庭住房特征

从调查区域家庭住房类型来看（表 3-9 和图 3-9），城市家庭住房以居民楼为主，其次为平房和自建二层或二层以上楼房；农村家庭住房类型则以平房为主，其次为自建二层或二层以上楼房和居民楼。城市调查区域住居民楼的人数为 1 867 人，占调查样本的 80.61%，住平房和自建二层或二层以上楼房的占比为 17.23%；农村调查区域住平房的人数为 1 297 人，占调查样本的 56.37%，住自建二层或二层以上楼房和居民楼的占比为 41.33%。

表 3-9　受访者住房类型

住房类型	城市居民		农村居民	
	调查人数/人	比例/%	调查人数/人	比例/%
平房	222	9.59	1 297	56.37
自建二层或二层以上楼房	177	7.64	482	20.95
居民楼	1 867	80.61	469	20.38
其他	50	2.16	53	2.30

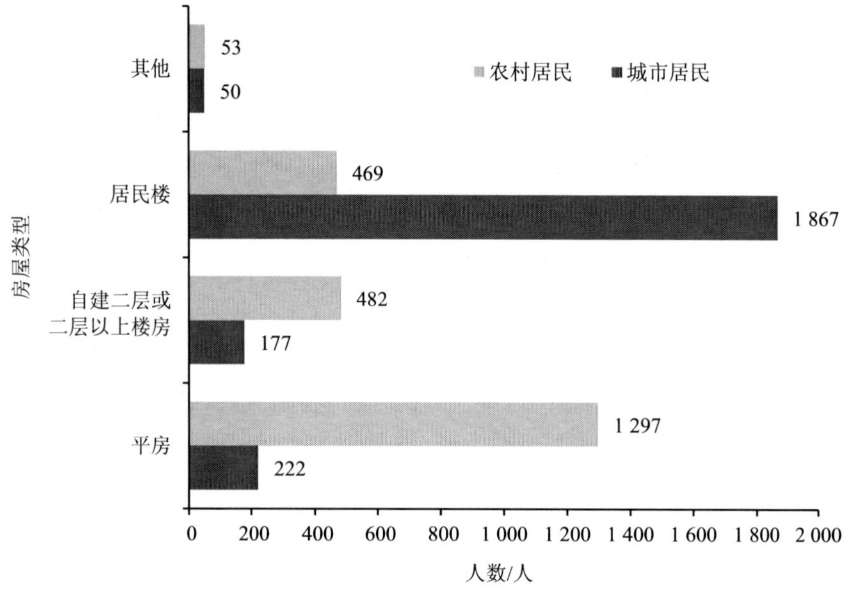

图 3-9　受访者住房类型

从调查区域家庭房屋面积来看（表 3-10 和图 3-10），城市居民和农村居民房屋面积大部分在 61～140 m^2，分别占城市调查样本数的 82.77%、农村调查样本数的 79.54%。其中，受访者房屋面积在 91～120 m^2 的最多，分别占城市、农村样本数的 44.86%和 32.86%。

表 3-10　受访者房屋面积

房屋面积/m^2	城市居民		农村居民	
	调查人数/人	比例/%	调查人数/人	比例/%
≤60	154	6.65	104	4.52
61～90	297	12.82	425	18.47
91～120	1 039	44.86	756	32.86
121～140	581	25.09	649	28.21
141～160	243	10.49	310	13.47
＞161	2	0.09	57	2.48

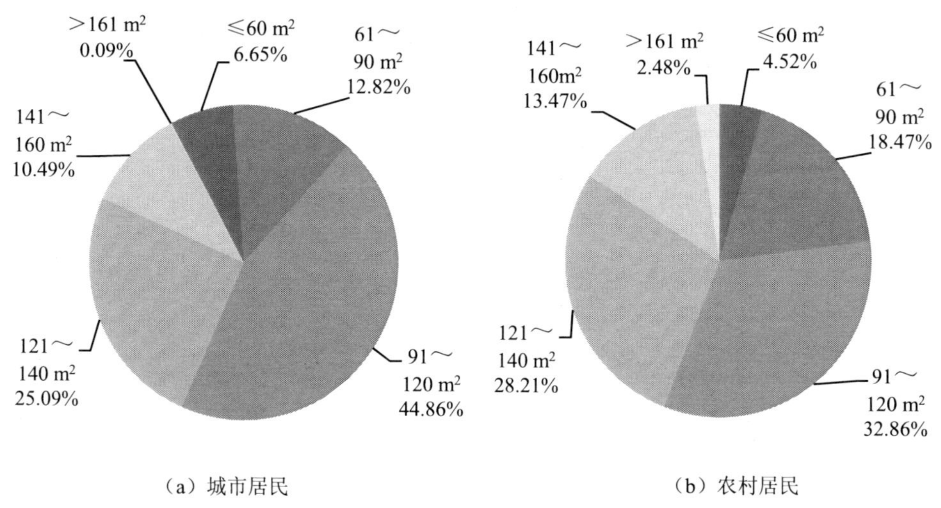

（a）城市居民　　　　（b）农村居民

图 3-10　受访者房屋面积分布

从调查区域房屋建造时间来看（表 3-11），有 57.77%的城市居民，其房屋建造时间在 2008 年 1 月 1 日之后，有 42.23%建造在 2008 年 1 月 1 日之前。而农村居民房屋建造时间大部分在 2008 年 1 月 1 日之前，占调查样本数的 71.53%。

表 3-11　受访者房屋建造时间

房屋建造时间	城市居民		农村居民	
	调查人数/人	比例/%	调查人数/人	比例/%
2008 年 1 月 1 日之前	978	42.23	1 646	71.53
2008 年 1 月 1 日之后	1 338	57.77	655	28.47

本次调研从外墙保温（如外墙贴保温板）、更换窗户（如单层玻璃改为双层）、暖气片加温控装置等 3 个方面对房屋节能改造措施进行了调查(表 3-12)。经统计，城市区域调查样本中，有 71.11%的家庭房屋采取了不同的节能改造措施，未采取任何措施的占 28.89%；农村区域调查样本中，则有 42.46%的家庭房屋采取了不同的节能改造措施，未采取任何措施的占 57.54%。城市居民家庭中采取上述单一节能措施的占采取节能措施样本数的 73.04%，其中采取外墙保温的措施最多，其

次是更换窗户；采取两种以上措施的占比为 26.96%。农村居民家庭中采取的单一节能措施主要是更换窗户，采用更换窗户的措施占采取节能措施样本数的 69.40%；采取两种以上措施的占比为 8.39%。

表 3-12 房屋节能改造措施情况

房屋节能改造措施	城市居民		农村居民	
	调查人数/人	比例/%	调查人数/人	比例/%
外墙保温	492	21.24	110	4.78
外墙保温+更换窗户	168	7.25	62	2.69
外墙保温+加温控装置	79	3.41	8	0.35
更换窗户	451	19.47	678	29.47
更换窗户+加温控装置	105	4.53	6	0.26
加温控装置	260	11.23	107	4.65
外墙保温+更换窗户+加温控装置	92	3.97	6	0.26
无措施	669	28.89	1 324	57.54

3.3.2 山东省城乡居民用能现状

1. 城乡居民生活用能种类分析

（1）城市居民

从对城市居民生活用能种类统计来看，电能是城市居民使用最普遍的能源，100%的家庭选择使用电能。

1）炊事用能方式

如图 3-11 所示，炊事用能方式方面，选择使用管道天然气家庭最多，占调查样本数的 70.60%；其次是罐装液化气，所占比例为 18.39%；再次是电能，所占比例为 8.98%。随着城市基础设施的日益完善和家庭条件的改善，仅有 2.03%的家庭使用煤（主要为蜂窝煤）作为炊事能源，且该部分家庭均生活在县城老旧小区或城中村中。在炊事用能方式上，城市居民选择使用清洁能源（天然气、液化气）的比例达 88.99%。

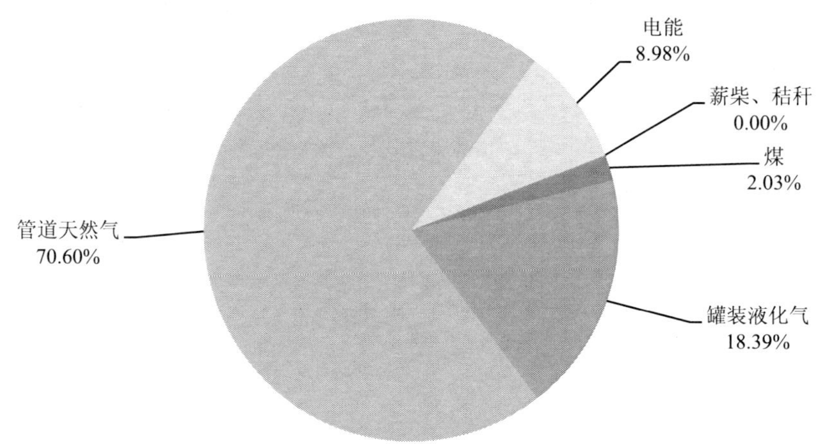

图 3-11　城市居民炊事用能方式

2）冬季取暖方式

如图 3-12 所示，在冬季取暖方式方面，有 79.92%的家庭采用了集中供暖；其次是土暖（燃煤取暖炉），占调查样本数的 14.81%；也有部分居民出于方便和临时性的考虑采用空调或电暖器取暖（所占比例为 4.23%）；另有 1.04%的家庭采用其他取暖措施。

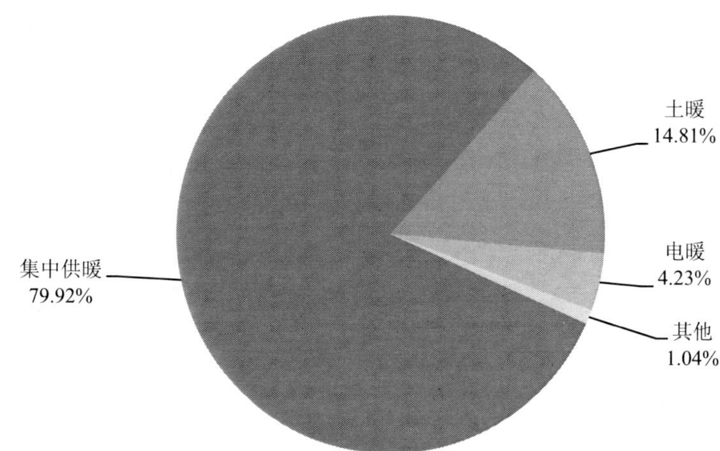

图 3-12　城市居民冬季取暖方式

3）生活热水获取方式

在生活热水获取方式方面（图 3-13），城市居民生活热水（主要用于洗浴、洗漱）绝大部分采用太阳能和电热水器获取，分别占调查样本数的 72.15%和 22.37%；部分居住在县城老旧小区和城中村的家庭仍采用燃煤炉灶、薪柴获取热水，所占比例共为 5.48%。

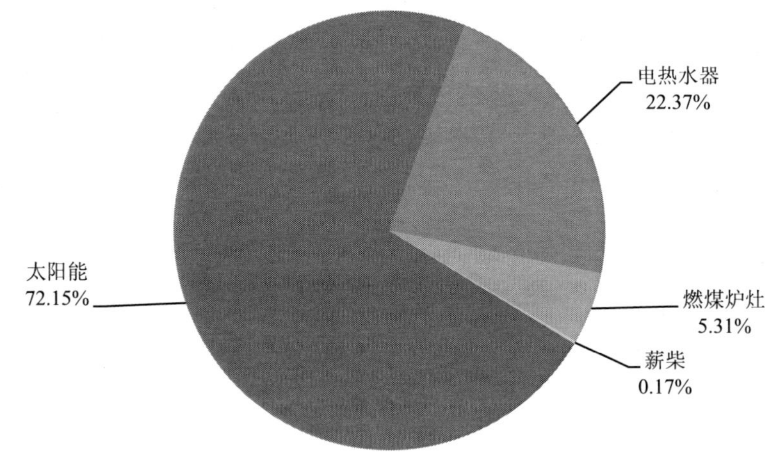

图 3-13 城市居民生活热水获取方式

从太阳能容积来看（图 3-14），使用太阳能的居民中，有 76.60%的居民家庭太阳能容积为 100～150 L，其余 23.40%的容积为 200 L（含）以上。从电热水器容积来看（图 3-15），使用电热水器的居民中，有 83.98%的居民家庭电热水器容积为 60～100L，其余 16.02%的容积为 120 L（含）以上。

4）交通出行方式

近年来，随着科技的不断进步，城市“绿色交通”“绿色出行”理念的大力倡导，再加上城市道路交通日益拥堵，电动自行车在调查区域得到了广泛的普及。据统计，如图 3-16 所示，城市居民日常出行采用最多的方式是电瓶车（主要为电动自行车），占调查样本数的 36.83%；其次是私家汽车，所占比例为 28.71%，拥有私家车的家庭占比为 36.1%，私家汽车平均排量为 1.67 L，年平均行驶 12 413 km；选择公交车和自行车出行的比例分别占 25.39%、7.47%。随着电动自行车的普及，城市居民选择摩托车出行的越来越少，仅占 1.60%，平均每年油耗量为 256.55 L。

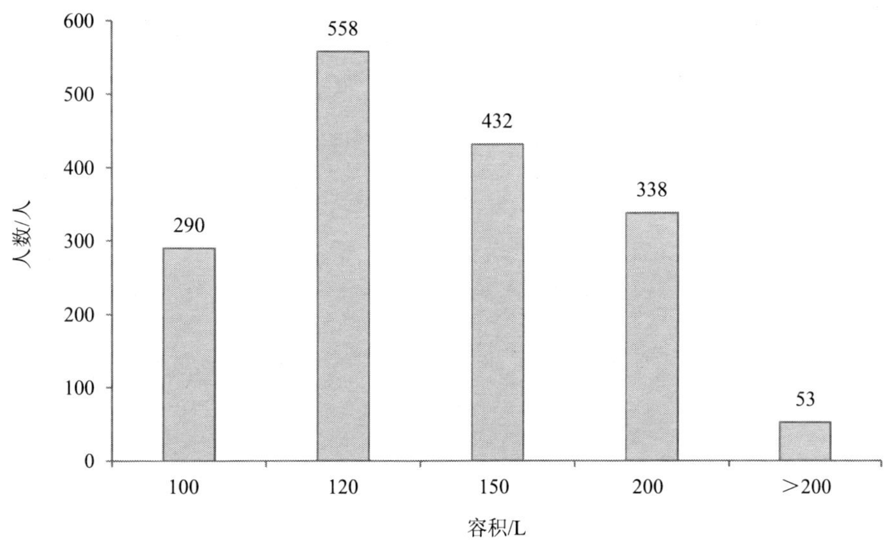

图 3-14　城市居民使用太阳能容积情况

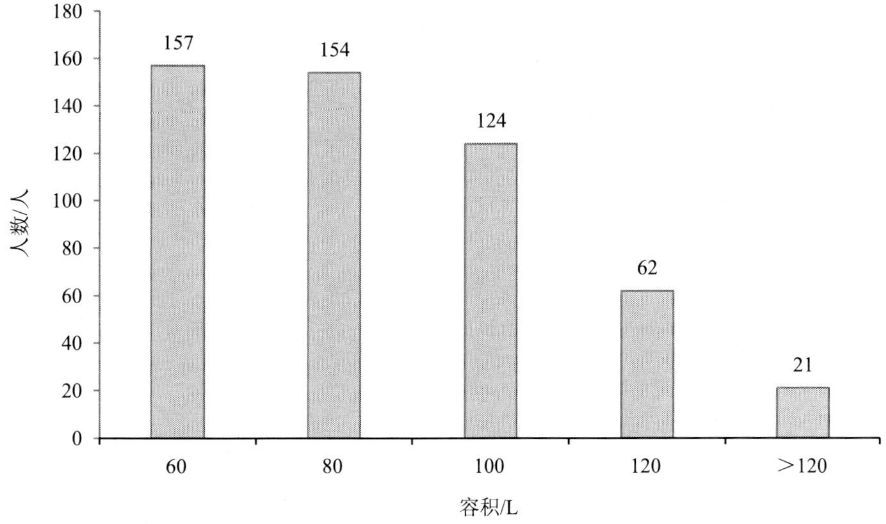

图 3-15　城市居民使用电热水器容积情况

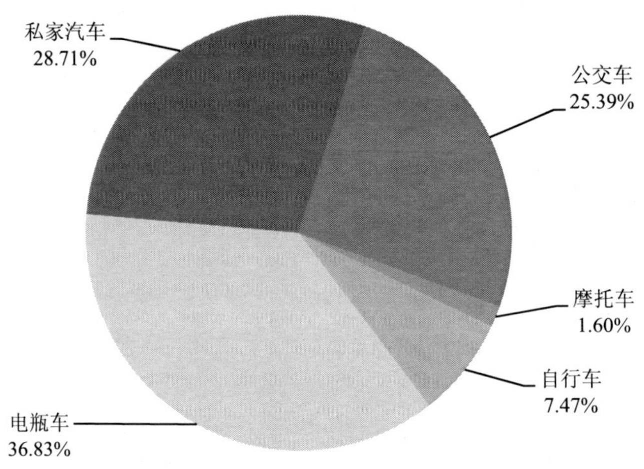

图 3-16　城市居民交通出行方式

（2）农村居民

从对农村居民生活用能种类统计来看，调查区域的居民家庭均选择使用电能，电能也是农村居民最普遍使用的能源。

1）炊事用能方式

炊事用能方式方面（图 3-17），罐装液化气、管道天然气、薪柴、煤、电等能源形式均有使用。其中，选择使用罐装液化气的最多，占调查样本数的 36.03%；在位于城乡结合部，且经济条件较好的农村（主要集中在青岛市、胶州市、济南市周边），管道天然气也得到了一定的使用（所占比为 17.60%）。传统能源煤和薪柴、秸秆所占比例分别为 16.34%、13.43%，虽然农村家庭收入水平有了很大提升，但其并没有完全放弃传统生物质能薪柴、秸秆的使用。由于厨电产品在农村调查地区已逐渐开始普及，使用电能作为炊事能源的越来越多，占炊事用能方式的 15.78%。沼气虽然为清洁能源，但在调查区域使用率却不高（仅占 0.83%）。在炊事用能方式上，农村居民选择使用清洁能源（天然气、液化气、沼气）的比例达 54.46%。

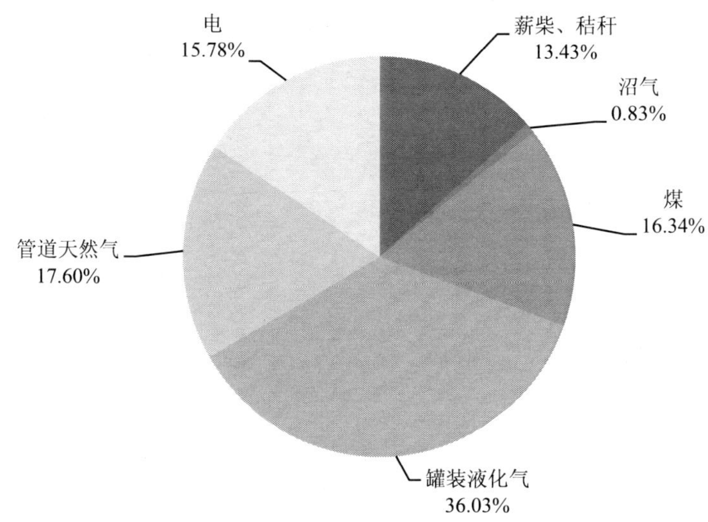

图 3-17　农村居民炊事用能方式

2）冬季取暖方式

在冬季取暖用能方面（图 3-18），农村居民最主要的取暖方式是土暖（主要是燃煤取暖炉），占调查样本数的 68.80%。随着新农村建设与城镇化的发展，在位于城乡结合部，经济条件较好且改为社区的农村采取了集中供暖，所占比例为 15.21%；也有部分居民采用空调或电暖器取暖（占比 10.60%）；此外，还有 5.39% 的家庭选择其他取暖措施。

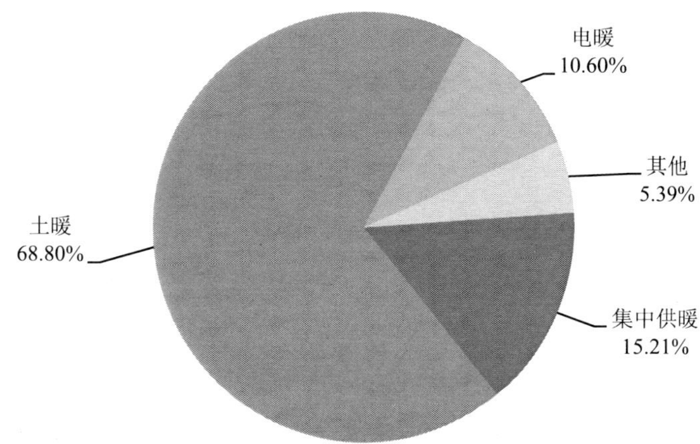

图 3-18　农村居民冬季取暖方式

3）生活热水获取方式

在生活热水（主要用于洗浴、洗漱）获取方式方面（图 3-19），46.56%的农村家庭使用太阳能获取热水，43.81%的家庭采用煤、秸秆、薪柴加热以获取热水，部分经济条件较好的家庭（占比 9.63%）采用电热水器获取生活热水。

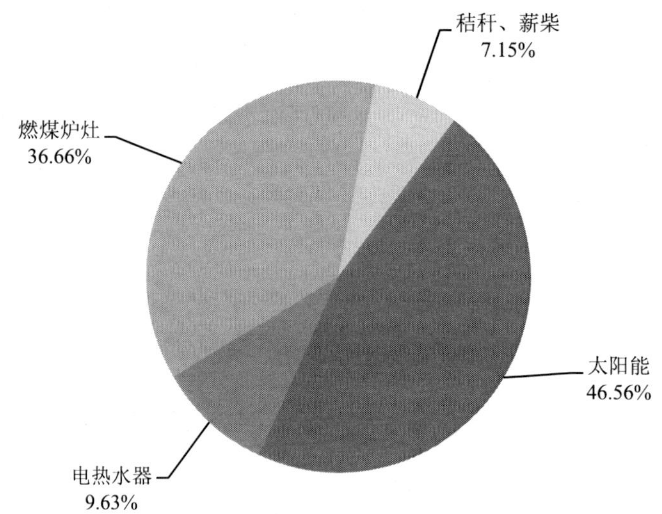

图 3-19　农村居民生活热水获取方式

从太阳能容积来看（图 3-20），使用太阳能的居民中，有 90.82%的居民家庭太阳能容积为 100～150 L，其余 9.18%的容积为 200 L（含）以上。从电热水器容积来看（图 3-21），使用电热水器的居民中，有 89.14%的居民家庭电热水器容积为 60～100L，其余 10.86%的容积为 120 L（含）以上。

4）交通出行方式

从日常出行交通方式来看（图 3-22），农村居民日常出行采用最多的方式是电瓶车（主要是电动自行车和电动三轮车），占调查样本数的 45.55%；其次是私家汽车，所占比例为 21.54%，拥有私家车的家庭占比为 23.1%，私家汽车平均排量为 1.61 L，年平均行驶 9 121km；紧随其后是摩托车和公交车（主要为城乡公交），所占比例分别为 14.52%和 11.94%，摩托车平均每年油耗量为 409.2 L。随着农村电瓶车的普及，选择自行车出行的比例较低，仅占 6.45%。

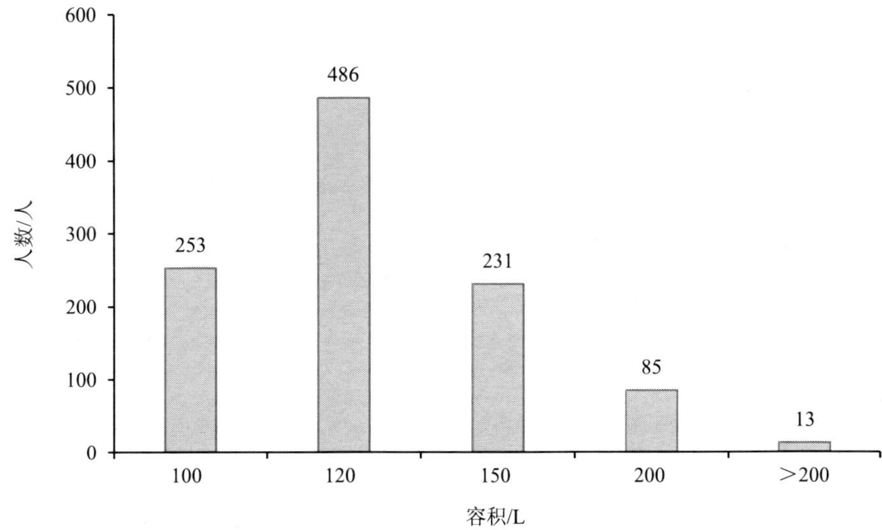

图 3-20　农村居民使用太阳能容积情况

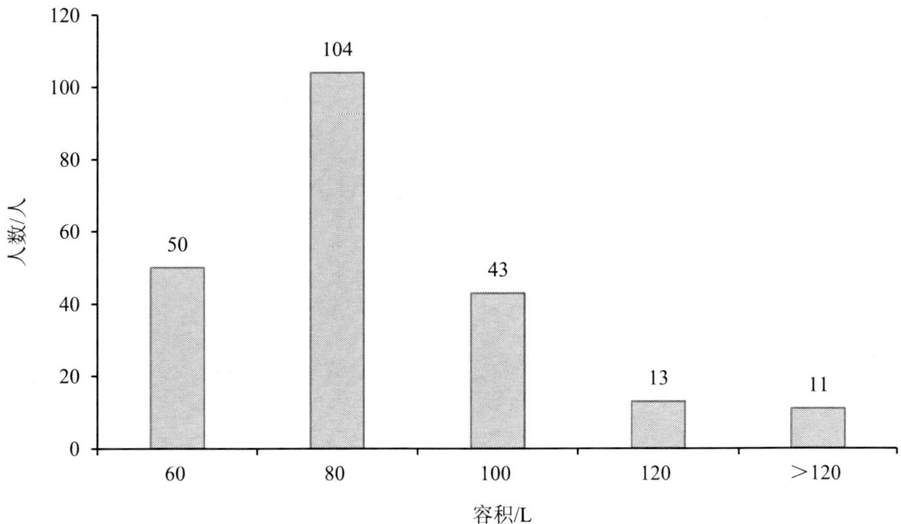

图 3-21　农村居民使用电热水器容积情况

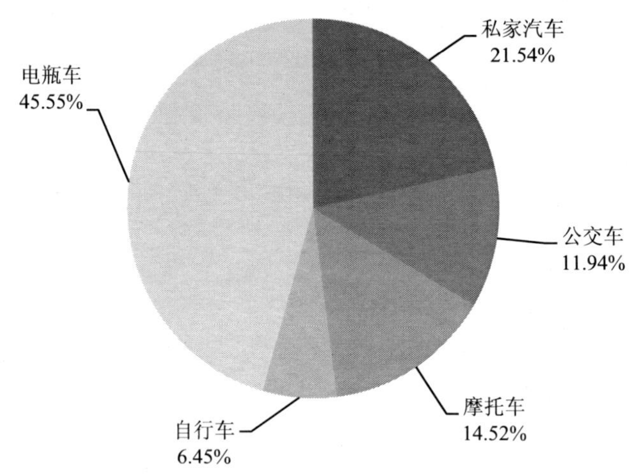

图 3-22 农村居民交通出行方式

2. 城乡居民生活用能量分析

本调查从调查区域平均生活能源消费量和各个调查区域（以设区的市为单位）平均生活能源消费量两个方面对城乡居民生活用能量进行了计算分析。

（1）生活用能量估算方法

本次调查研究中，城乡居民生活用能量以人均生活能源消费量表示。为便于城市与农村居民生活用能量比较，在数据处理中根据相关标准统一将各种能源的实物消耗量折算为标准煤消耗量（kg 标准煤）。人均生活能源消费量计算公式如下：

$$E = \sum_{i=1}^{n}(e_i \times p_i) / N \tag{3-1}$$

式中：E——人均生活能源消费量，kg 标准煤；

n——消费的能源品种数；

e_i——生活中消费的第 i 种能源实物量；

p_i——第 i 种能源的折算系数，按能量的当量值或能源等价值折算；

N——人口数量。

根据《综合能耗计算通则》（GB/T 2589—2008）和《中国能源统计年鉴——2014》，各种能源的标准煤折算系数如表 3-13 所示。

表 3-13　能源折算系数

能源名称	原煤	电力	天然气	液化石油气	秸秆
折标准煤系数	0.714 3 kg 标准煤/kg	0.122 9 kg 标准煤/（kW·h）	1.214 3 kg 标准煤/m^3	1.714 3 kg 标准煤/kg	0.500 kg 标准煤/kg
能源名称	薪柴	秸秆、薪柴	汽油	沼气	—
折标准煤系数	0.571 kg 标准煤/kg	0.535 kg 标准煤/kg	1.471 4 kg 标准煤/kg	0.714 kg 标准煤/m^3	—

注：根据《严寒和寒冷地区居住建筑节能设计标准》（JGJ 26—2010），济南、青岛、潍坊、济宁、菏泽每平方米采暖能耗折合标准煤分别约为 6.19 kg、5.36 kg、6.74 kg、6.37 kg、5.71 kg。

（2）调查区域平均用能量分析

1）城市居民平均用能量分析

据统计（表 3-14），城市居民人均能源消费总量为 380.22 kg 标准煤，其中人均住宅能源消费量为 269.56 kg 标准煤，人均交通能源消费量为 110.66 kg 标准煤，城市人均住宅能源消费量是人均交通能源消费量的 2.44 倍。

表 3-14　人均能源消费量　　单位：kg 标准煤

能源种类	城市	农村
电力	53.12	44.62
天然气	41.41	9.93
液化气	14.01	23.55
煤	36.99	164.03
热力	124.04	21.13
秸秆、薪柴	0.00	35.35
沼气	0.00	0.47
汽油	110.66	68.89
合计	380.22	367.97

从各类能源消费量来看，人均采暖能源消费量（热力）与人均燃油能源消费量（汽油）最高，分别为 124.04 kg 标准煤、110.66 kg 标准煤；其次为电力，人均电力消费量为 53.12 kg 标准煤；再次为天然气，人均天然气消费量为 41.41 kg

标准煤。目前，城市集中供暖还未全覆盖，因此城市部分家庭在冬季采暖仍采用燃煤获取，人均煤消费量为 36.99 kg 标准煤。随着城市居民生活水平的提高，在城市使用秸秆、薪柴（主要是薪柴）的现象消失。

2）农村居民平均用能量分析

据统计（表 3-14），农村居民人均能源消费总量为 367.97 kg 标准煤，其中人均住宅能源消费量为 299.08 kg 标准煤，人均交通能源消费量（汽油）为 68.89 kg 标准煤，农村人均住宅能源消费量是人均交通能源消费量的 4.34 倍。

从各类能源消费量来看，在农村，煤是消费最高的能源，主要用于冬季采暖，人均煤消费量为 164.03 kg 标准煤；其次为汽油，人均燃油消费量为 68.89 kg 标准煤；再次为电力，人均电力消费量为 44.62 kg 标准煤；最后为传统的生物质能源薪柴、秸秆和液化气，人均消费量分别为 35.35 kg 标准煤和 23.55 kg 标准煤；少部分经济条件较好的农村采取了集中供热，人均热力消费量为 21.13 kg 标准煤；天然气和沼气的人均消费量最低，分别为 9.93 kg 标准煤和 0.47 kg 标准煤。

3）不同区域平均用能量分析

为了解不同区域用能量现状，本研究以地级市为单位对调查各区域人均能源消费量进行了统计计算，结果如表 3-15 所示。从结果来看，济南、青岛、潍坊、济宁、菏泽的城市居民人均能源消费量分别为 387.48 kg 标准煤、398.65 kg 标准煤、396.28 kg 标准煤、369.55 kg 标准煤、334.92 kg 标准煤；济南、青岛、潍坊、济宁、菏泽的农村居民人均能源消费量分别为 338.49 kg 标准煤、370.67 kg 标准煤、380.97 kg 标准煤、368.82 kg 标准煤、327.86 kg 标准煤。

表 3-15 不同调研区域能源消费量一览表 单位：kg 标准煤

地级市	城市	农村
济南市	387.48	338.49
青岛市	398.65	370.67
潍坊市	396.28	380.97
济宁市	369.55	368.82
菏泽市	334.92	327.86

3. 城乡居民生活用能结构分析

（1）城市居民

城市居民能源消费结构如图3-23所示，冬季采暖热力消费是目前城市居民生活第一大能源消费，人均消费量占人均能源消费总量的32.62%；汽油、电力消费分别位列第二位、第三位，占人均能源消费总量的29.11%和13.97%。天然气、煤分别占人均能源消费总量的10.89%和9.73%。值得关注的是，尽管天然气和集中供暖在城市地区已得到了普及，但煤的消费量在能源消费总量中仍占有一定比重，该比重中采用土暖消耗的煤贡献率为91.00%，另有9.00%的贡献率为炊事消耗的煤。由于天然气在城市地区的普及与价格的优势，压缩了液化气的使用量，人均液化气消费量仅占人均能源消费总量的3.68%。

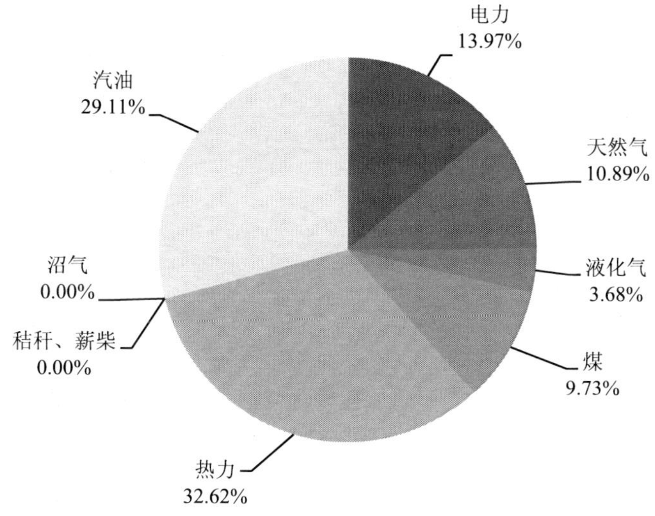

图3-23 城市居民能源消费结构

从城市居民住宅能源消费结构来看，热力、电力、天然气消费位列前三，分别占住宅能源消费量的46.01%、19.71%和15.36%。随后是煤的消费量，占住宅能源消费量的13.72%。与电能、天然气同为清洁能源的液化气，占住宅能源消费量的5.20%。

伴随着城市公共交通的便捷与完善、城市居民对私家车的偏好与需求以及电动自行车的普及，城市居民选择使用摩托车出行的越来越少，城市私家车基本贡献了100%交通能源（汽油）消费量。

（2）农村居民

在农村居民能源消费结构中（图3-24），煤是农村居民生活第一大能源消费，人均煤消费量占人均能源消费总量的44.58%，其中采用土暖的人均煤消费量占人均能源消费总量的36.54%，其余8.03%为炊事消耗的煤。汽油消费位于第二位，占人均能源消费总量的18.72%。电力消费位列第三，占人均能源消费总量的12.13%。秸秆、薪柴和液化气消费，分别占人均能源消费总量的9.61%和6.40%。热力消费占到人均能源消费总量的5.74%。在农村调查区域，沼气基本上未普及使用。

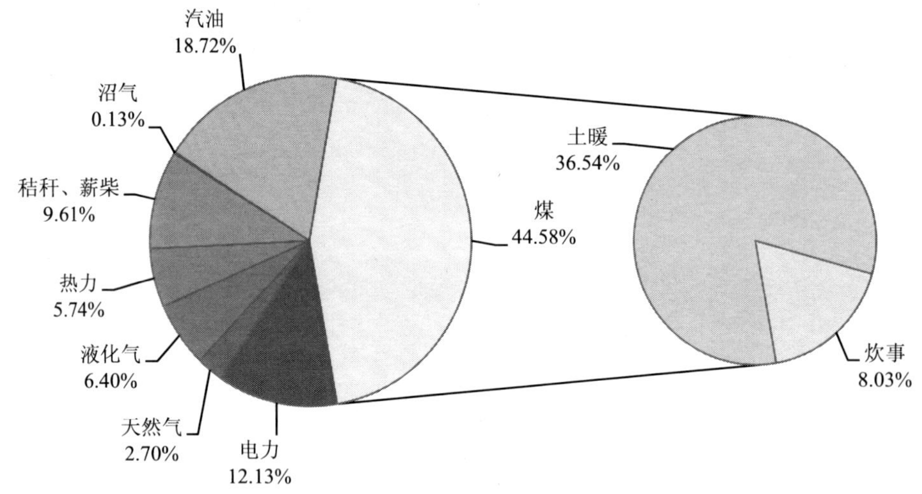

图3-24 农村居民能源消费结构

从农村居民住宅能源消费结构来看，煤、电力、生物质能源（秸秆、薪柴）消费位列前三，分别占住宅能源消费量的54.84%、14.92%和11.82%。液化气和热力消费分别占住宅能源消费量的7.87%和7.06%。与电能、液化气同为清洁能源的天然气、沼气，消费之和占比不足4.00%。

在交通能源消费结构方面，农村居民私家车贡献了75.20%汽油消费量，摩托车则贡献了24.80%。

3.3.3 山东省城乡居民生活用能差异分析

经统计分析，调查区域城市居民和农村居民在用能种类选择、用能量及用能结构等方面均存在不同程度的差异。

1. 用能种类差异分析

通过对调查地区居民住宅能源种类分析可知，电能是城市居民和农村居民家庭必需的能源，使用率均达到100%。

炊事用能方式方面（图 3-25），城市居民使用的能源种类主要以天然气和液化气为主，天然气为城市居民最主要的炊事燃料；农村居民则以液化气、天然气、煤为主，其中液化气已成为农村居民最主要的炊事燃料。城市居民选择使用清洁能源（天然气、液化气和电能）的比例（97.97%）是农村居民选择使用清洁能源（天然气、液化气、电能、沼气）比例（70.23%）的1.39倍。

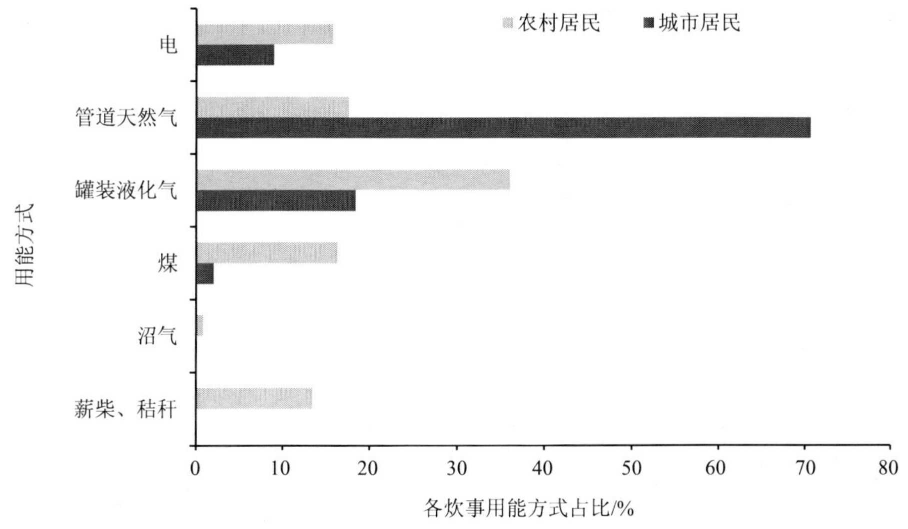

图 3-25 城乡居民炊事用能方式对比

冬季取暖方式方面（图 3-26），城市居民以集中供暖为主，农村居民则以土暖（燃煤取暖炉）为主。同时，城市也有部分居民冬季取暖采用土暖，农村也有部分居民用上了集中供暖，二者的占比大体相同。电加热取暖无论在城市还是农村均得到了一定使用。

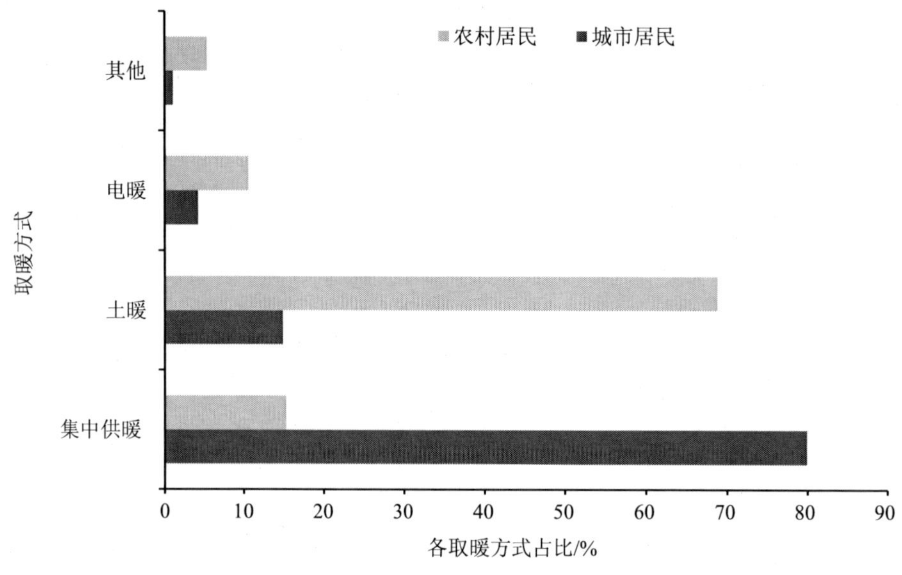

图 3-26 城乡居民取暖方式对比

生活热水获取方式方面（图 3-27），城市居民以太阳能和电热水器为主，农村居民则以太阳能和燃煤炉灶为主。在使用太阳能的居民中，有 76.60%的城市居民家庭太阳能容积为 60～150 L，有 90.82%的农村居民家庭太阳能容积为 60～150 L。

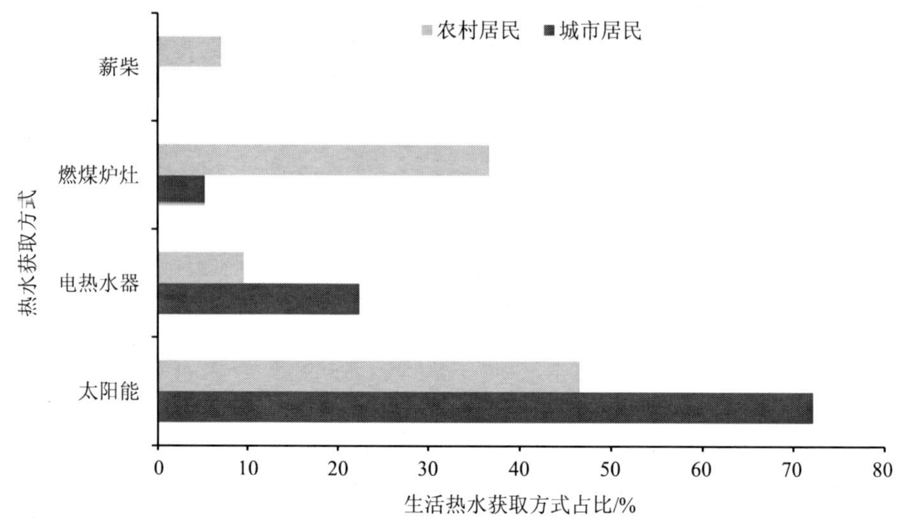

图 3-27 城乡居民生活热水获取方式对比

交通出行方式方面（图 3-28），城市居民日常出行以电瓶车、私家汽车和公交车为主，农村居民日常出行则以电瓶车、私家汽车和摩托车为主。农村居民选择电瓶车出行的比例高出城市居民约 9 个百分点；而城市居民选择私家汽车出行的比例高出农村居民约 7 个百分点。城市每百户家庭汽车拥有量为农村的 1.56 倍，同时，在汽车平均排气量和年平均行驶公里数上，城市居民均高于农村居民。由于城市公交车的普遍性与便利性，城市居民选择公交车出行的比例约为农村居民的 2.13 倍。从选择摩托车出行方式看，农村居民选择比例约为城市居民的 9 倍。

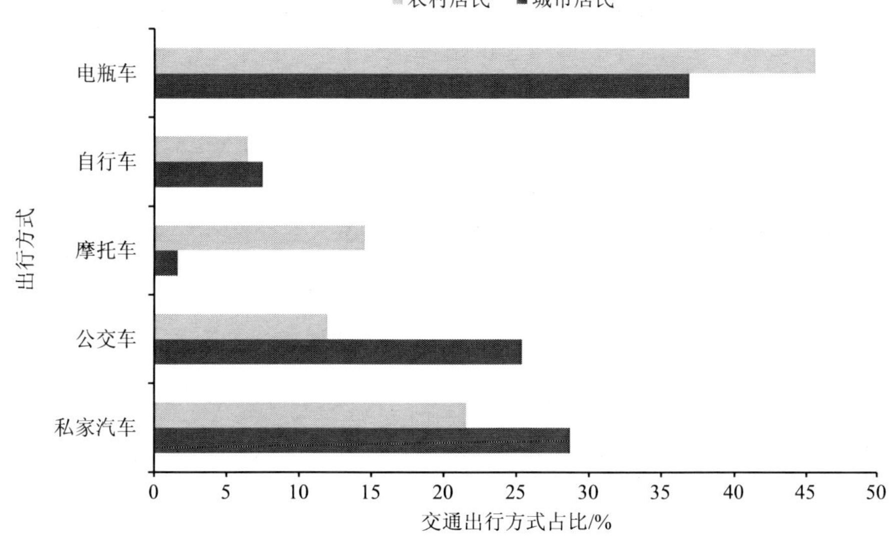

图 3-28 城乡居民交通出行方式对比

2. 用能量差异分析

(1) 调查区域平均用能量差异分析

通过调查区域城市和农村生活平均能源消费量对比分析，可知，城市居民人均能源消费总量比农村居民高 12.25 kg 标准煤。从生活能源消费类别来看，农村居民人均住宅能源消费量高于城市居民，数值之差为 29.52 kg 标准煤；与之相反，在人均交通能源消费量方面，城市居民要大于农村居民，数值之差为 41.77 kg 标准煤。

从不同能源的人均消费量情况来看（图 3-29），城市居民在电力、天然气、热力、汽油方面均高于农村居民，各能源之差分别为 8.50 kg 标准煤、31.48 kg 标准煤、102.91 kg 标准煤和 41.77 kg 标准煤，尤其在热力和汽油上表现得最为突出，冬季采暖与私家汽车已成为城市居民能源消费的“大户”。但在煤、秸秆和薪柴、液化气、沼气方面，农村居民均高于城市居民，各能源之差分别为 127.04 kg 标准煤、35.35 kg 标准煤、9.54 kg 标准煤和 0.47 kg 标准煤，尤其在煤、秸秆和薪柴上表现得最为突出，冬季燃煤取暖为农村居民能源消费的“大户”。

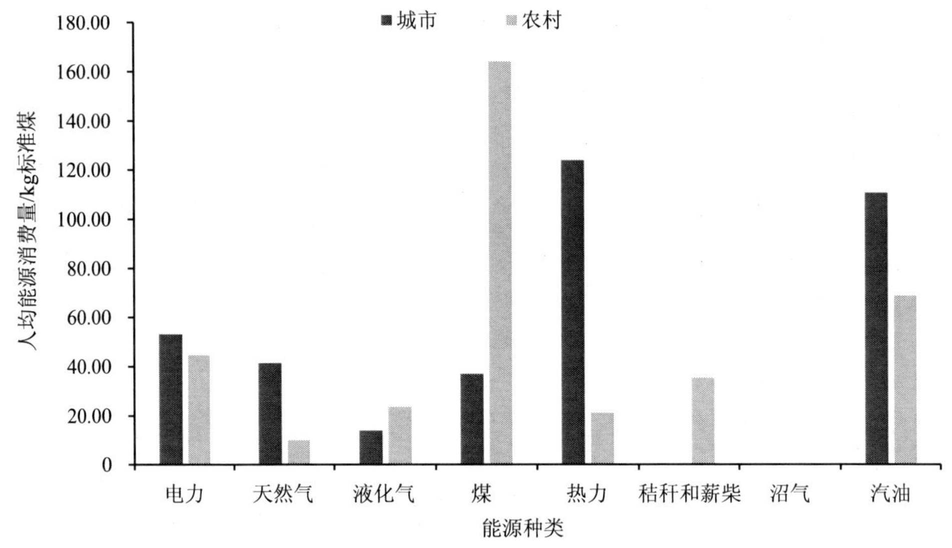

图 3-29 城市和农村人均生活能源消费量对比

（2）不同区域平均用能量差异分析

本小节通过横向和纵向对比，对不同区域平均用能量差异进行了分析。

从城乡用能差异来看，5 个调查区域的城市居民人均生活能源消费量均高于农村居民（图 3-30）。其中济南市城乡居民人均生活能源消费量相差最大，数值之差为 48.99 kg 标准煤；青岛市城乡居民人均生活能源消费量之差为 27.98 kg 标准煤；潍坊、菏泽两市城乡居民人均生活能源消费量之差分别为 15.31 kg 标准煤、7.06 kg 标准煤；济宁市城乡居民人均生活能源消费量相差最小，仅为 0.73 kg 标准煤。

从各调查区域城市居民用能量来看，人均生活能源消费量从大到小的排序依次为青岛市、潍坊市、济南市、济宁市、菏泽市，人均生活能源消费量最大的地级市与人均生活能源消费量最小的地级市之差为 63.73 kg 标准煤。从各调查区域农村居民用能量来看，人均生活能源消费量从大到小的排序依次为潍坊市、青岛市、济宁市、济南市、菏泽市，人均生活能源消费量最大的地级市与人均生活能源消费量最小的地级市之差为 53.11 kg 标准煤。

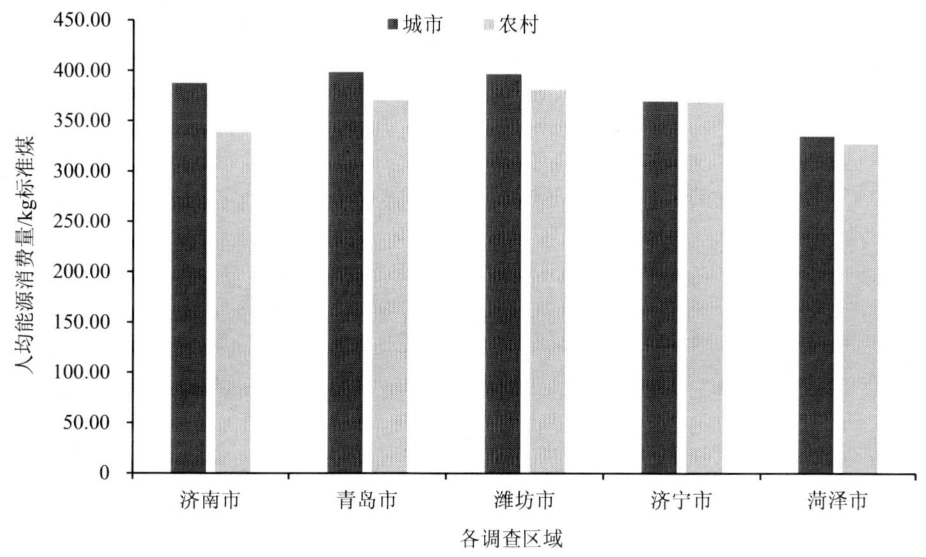

图 3-30　不同区域人均生活能源消费量对比

（3）用能结构差异分析

通过对城乡居民能源消费结构对比分析，热力、汽油、电力与天然气是城市居民生活用能重要组成部分，但煤在城市居民能源消费组成中也不可忽略；农村居民的能源消费结构则是以煤、汽油、电力为主，传统生物质能源（秸秆、薪柴）、液化气为辅。煤、薪柴、秸秆等传统燃料仍在农村家庭能源使用中占有较大比重。根据调查了解，农村居民使用煤、薪柴、秸秆比较多的原因为：一是煤的价格比较低，当地薪柴、秸秆容易获取且基本上不用购买，二是农村留守的多为老人，由于长时间使用煤、薪柴、秸秆的习惯，所以更倾向于使用传统能源。

从住宅能源消费结构来看，热力、电能与天然气是城市居民住宅用能的主要构成；农村居民的住宅能源消费结构则是以煤、电力、生物质能源（秸秆、薪柴）

为主。

从交通能源消费结构来看，相比摩托车，私家汽车在燃油能源消费量上占了绝大部分。

3.3.4 城乡居民节能意识与能源消费习惯分析

1. 城乡居民节能意识比较分析

（1）是否关心能源短缺问题

本研究中将该问题中的5个选项分为3类：关心（包括非常关心和关心选项）、不表态（为无所谓选项）和不关心（包括不关心和非常不关心选项）。根据统计结果（图3-31），调查区域城乡居民对能源短缺问题整体比较关心。城市居民选择“关心”的比例达87.69%，农村居民选择“关心”的比例为74.84%；仅有2.42%的城市居民和6.17%的农村居民表示不关心。总体而言，相比农村居民，城市居民对能源短缺问题更为关心。

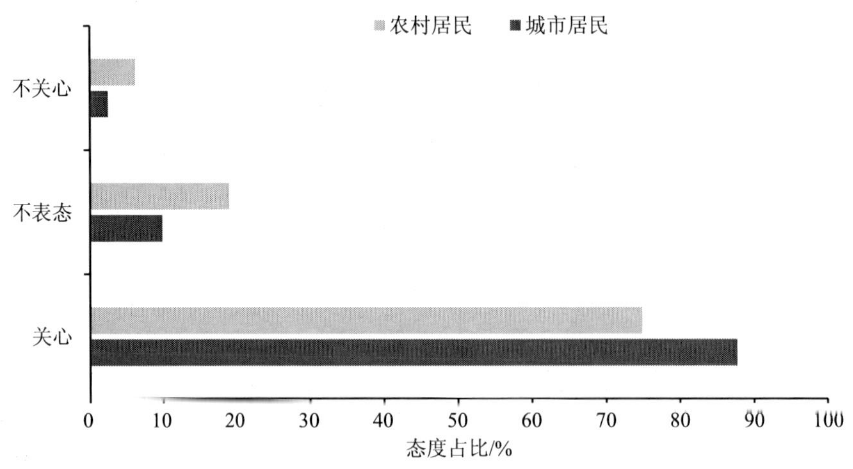

图3-31 城乡居民对能源短缺问题的态度

（2）是否了解节能工作

本研究中将该问题中的5个选项分为3类：第一类是了解（包括非常了解、了解选项），第二类为一般了解（为一般选项），第三类是不了解（包括不了解和非常陌生选项）。根据统计结果（图3-32），绝大部分城乡居民对节能工作比较了解，但通过面谈调查获知，这种了解大部分只是停留在节约用电上，尤其是农村居民表现得最为明显。城市居民和农村居民了解节能工作的比例分别达65.98%和52.67%；城市有 28.97%的居民、农村有 37.29%的居民表示一般了解。据调查，选择一般了解的居民大部分只是有节能的概念，但对当前国家节能的政策比较模糊，对节能的意义也不大清楚；仅有5.05%的城市居民和10.04%的农村居民表示不了解。相比农村居民，由于城市节能信息获取比较广泛，因此城市居民对节能工作了解更多。

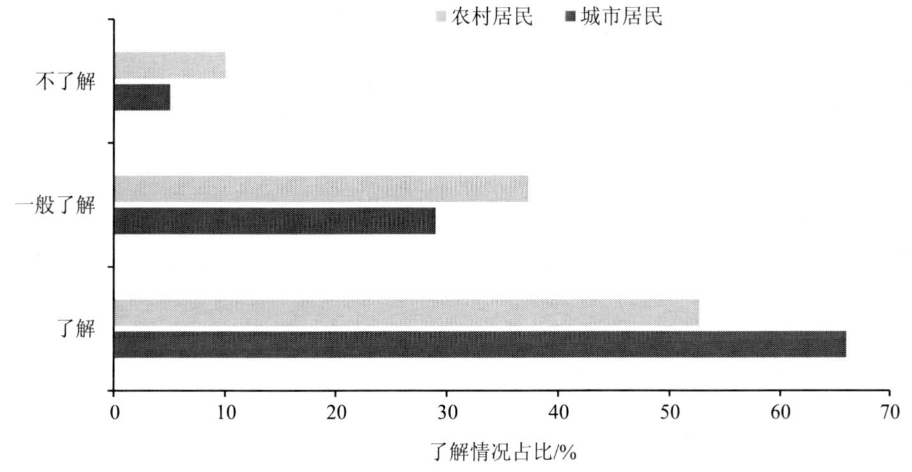

图3-32 城乡居民对节能工作了解情况

（3）节能减排信息获取途径

调查问卷中设置了6种节能减排获取途径：听说、报纸、网络、电视、广播、手机。据统计（图3-33），城乡居民通过多渠道获取了节能减排信息。相比农村居民，城市居民获取节能减排信息的途径更丰富，通过三种以上途径获取相关信息的最多，占调查样本的38.01%，网络、电视和手机成为城市居民获取信息的主要途径。农村居民通过单一途径获取信息的人数最多，占调查样本的45.26%，其中，电视是最主要的信息获取途径。随着农村网络的逐渐普及，网络也将成为农村居民获取信息的主要方式。

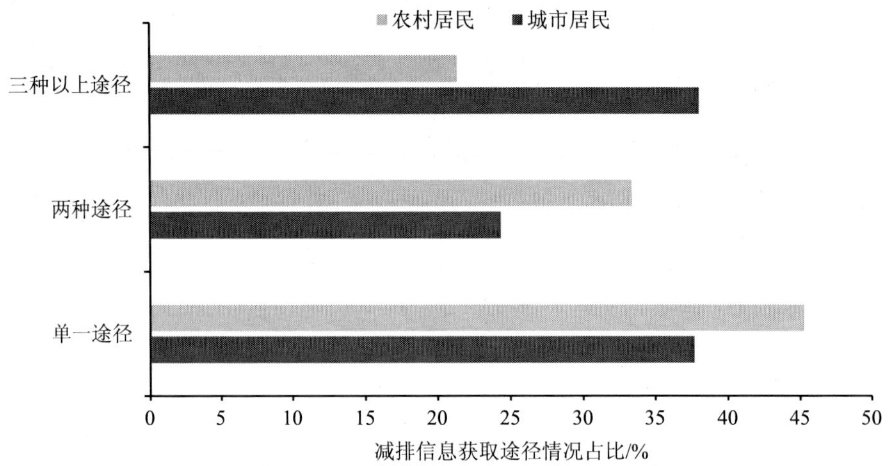

图 3-33 城乡居民获取节能减排信息途径情况

（4）对节约能源的重视程度

据统计（图 3-34），城乡居民对节约能源的重视程度不容乐观。调查区域城市居民平常有节约习惯的不足一半，占调查样本的 41.53%；农村居民占比更低，为 33.89%。城市居民偶尔会注意到节约能源的也不足 50%，占比为 47.45%；农村居民偶尔会注意到节约能源的占比为 51.72%。另有超过 10%的城乡居民对节约能源不在意。虽然城市居民在对节约能源的重视程度上要好于农村居民，但城乡居民对节约能源的重视程度都有待加强。

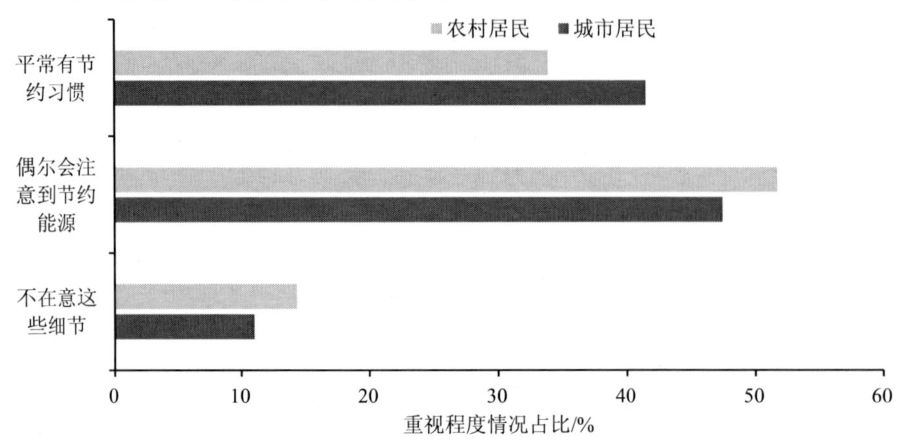

图 3-34 城乡居民对节约能源重视程度情况

（5）采取过的节能措施

在日常生活中，无论是城市居民还是农村居民都采取过节能措施，包括使用太阳能热水器、太阳能电池、双层门窗、中空玻璃门窗和墙体保温等。据统计（图 3-35），城市居民和农村居民采取一种节能措施的比例最高，分别为 59.37% 和 84.69%，其中采取比例最高的措施是太阳能热水器。城市居民采取两种措施的比例为 25.33%，以“太阳能热水器+双层门窗”和“太阳能热水器+墙体保温”为主；而农村居民采取两种措施的比例少于城市居民，为 13.48%，主要以“太阳能热水器+双层门窗”为主。在采取三种以上（包括三种）措施上，城市居民要远高于农村居民，城市居民采取的主要措施为“太阳能热水器+双层门窗+中空玻璃”。

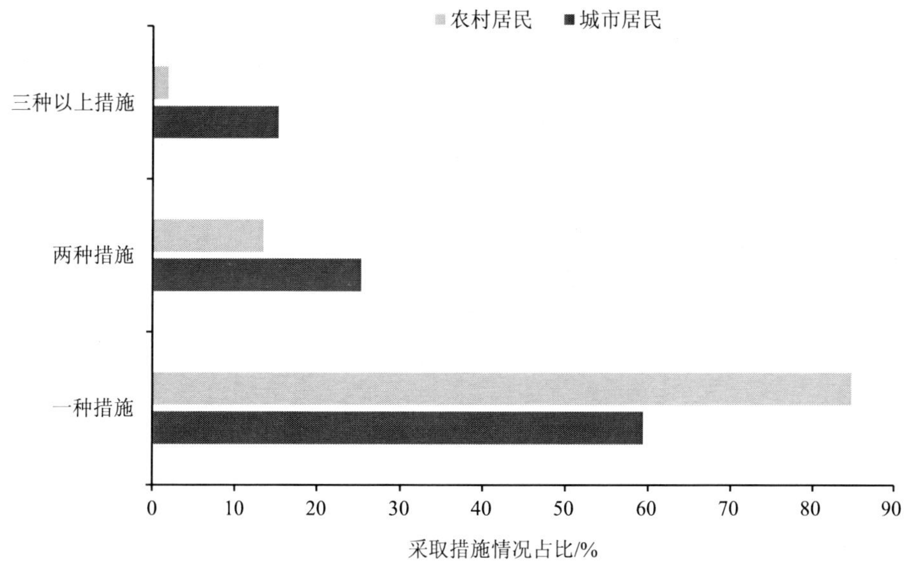

图 3-35 城乡居民采取过的节能措施情况

（6）节能的出发点

本次调研主要从节约个人费用、节约资源、保护环境等方面对城乡居民关心的节能出发点进行了调查。经调查统计（图 3-36），对比农村居民，城市居民关心节能的出发点更为全面。城市居民节能出发点选项排在前三位的分别是“节约个人费用+节约资源+保护环境”“节约个人费用”“节约资源+保护环境”，占比分别为 33.15%、27.38%、10.20%；农村居民节能出发点选项排在前三位的分别是“节约个人费用”“节约个人费用+节约资源+保护环境”“节约个人费用+节约资源”，占比分别为 32.17%、22.70%、16.19%。节约个人费用是农村居民节能的主要出发点，节约个人费用的同时节约资源与保护环境则是城市居民节能的主要出发点。城市居民在节能出发点上表现得觉悟更高的可能原因为：一是城市居民日常生活用能较多，且当前采取了阶梯式电价和阶梯式气价等政策，减少用能可以节省开支；二是随着经济的快速发展，也带来了一系列环境问题，基于对生活环境改善的意愿，希望通过节能措施减少能源使用，以达到保护环境、减少环境污染的目的。

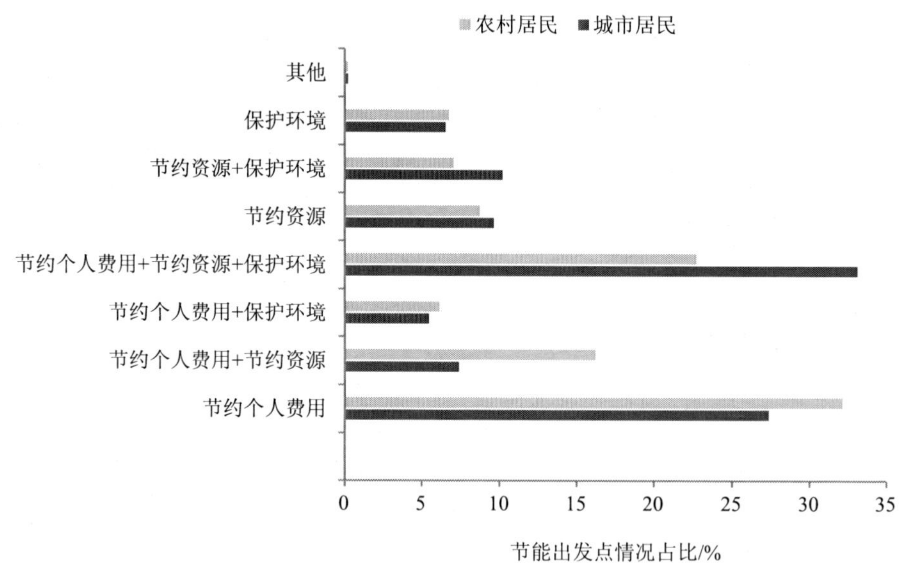

图 3-36　城乡居民关心节能的出发点情况

2. 城乡居民能源消费行为习惯比较分析

为了解山东省城乡居民生活能源消费行为习惯，调查问卷中设置了 10 个问题。本研究中将问题中的 4 个选项归为 2 类：第一类是较多做到（包括经常做到、较多做到选项），第二类为较少做到（包括偶尔做到、很少做到选项）。通过结果可知（表 3-16），在日常生活中，大部分城市居民和农村居民均能较多做到，能源消费行为习惯较好。

表 3-16 城乡居民能源消费行为习惯统计

能源消费行为习惯		城市居民选择比例/%		农村居民选择比例/%	
		较多做到	较少做到	较多做到	较少做到
1	从冰箱存取物品时，减少冰箱门开启次数	89.68	10.32	93.12	6.88
2	做饭时，实时调节燃气大小或关闭燃气阀门	91.30	8.70	85.88	14.12
3	使用或购买节能家电	86.84	13.16	77.83	22.17
4	有节制地使用空调或取暖器，选择增减衣物的方式来适应室温	80.88	19.12	82.80	17.20
5	选择淋浴，并减少洗浴时间	83.47	16.53	83.60	16.40
6	尽可能选择公共交通、自行车或步行方式出行	79.40	20.60	78.44	21.56
7	主动对居住房屋进行节能改造，如安装双层隔热玻璃、外墙保温等措施	54.71	45.29	44.77	55.23
8	购买汽车时，优先选择节能型或低排量汽车	69.45	30.55	60.82	39.18
9	主动向亲朋好友或同事建议节能，或分享节能经验	58.73	41.27	50.61	49.39
10	主动阻止他人的能源浪费行为	52.27	47.73	51.40	48.60

如在“使用或购买节能家电”行为中，城市居民和农村居民较多做到的比例分别为 86.84%、77.83%。在“尽可能选择公共交通、自行车或步行方式出行”行为中，城市居民和农村居民较多做到的比例分别为 79.40%、78.44%。在“主动对居住房屋进行节能改造，如安装双层隔热玻璃、外墙保温等措施”行为中，城市居民和农村居民较多做到的比例分别为 54.71%、44.77%，选择比例相对较少的原因主要是房屋节能改造需要投入的资金较多，且改造过程中会对正常的生活产生影响，为了减少麻烦，一些人选择不改造。在“购买汽车时，优先选择节能型或低排量汽车”行为中，城市居民和农村居民较多做到的比例分别为 69.45%和 60.82%。

3. 开放式问题结果分析

为进一步了解城乡居民对城镇化与能源消费关系的认识、使用新能源或可再生能源的意愿，调查问卷中设置了 6 个相关问题。为便于统计分析，本研究中将前 3 个问题选项归为 3 类：第一类是同意（包括非常同意、同意选项），第二类为不表态（为无所谓选项），第三类是不同意（包括不同意、非常不同意选项）；第

4 个问题选项归为 3 类，分别是了解（包括非常了解、了解选项），第二类为不表态（为无所谓选项），第三类是不了解（包括不了解、非常不了解选项）；第 5 个和第 6 个问题选项归为 3 类，分别是愿意（包括非常愿意、愿意选项），第二类为不表态（为无所谓选项），第三类是不愿意（包括不愿意、非常不愿意选项）。结果分析如下：

对“问题 1：是否同意生活能源消费增加会影响环境问题”，无论是城市居民还是农村居民，超过 90%的被调查人员同意生活能源消费增加会影响环境问题（图 3-37）。环境问题主要变现为汽车尾气的排放以及煤、秸秆、薪柴的燃烧污染大气环境。

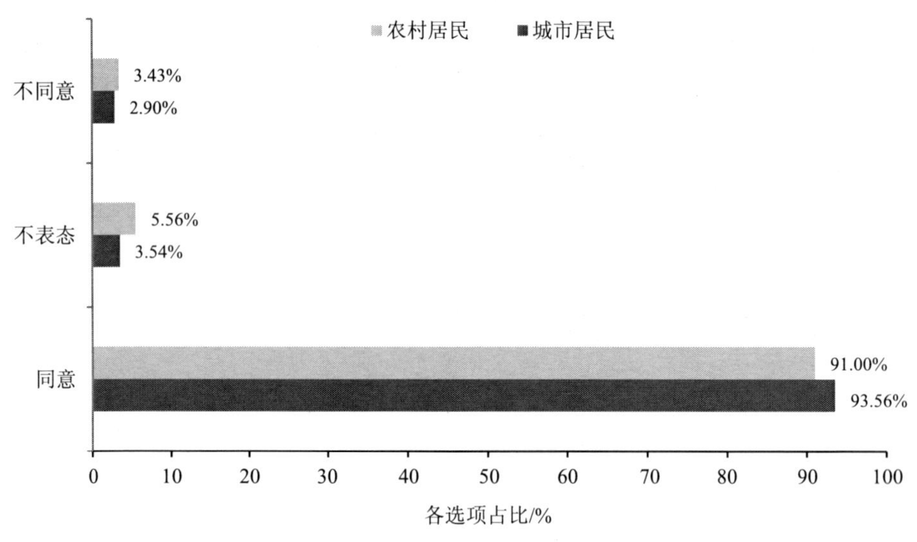

图 3-37　开放式问题 1 统计结果

对“问题 2：是否同意城镇化会加快能源消费量的增长”，调查区域有 86.30%的城市居民和 84.01%的农村居民同意城镇化会加快能源消费量的增长（图 3-38）。根据调查发现，大部分持同意态度的居民认为农民进城之后，冬季采暖、天然气、家用电器用电等消费会增加，另外在城市生活娱乐消费也多，也会增加能源的消费量。

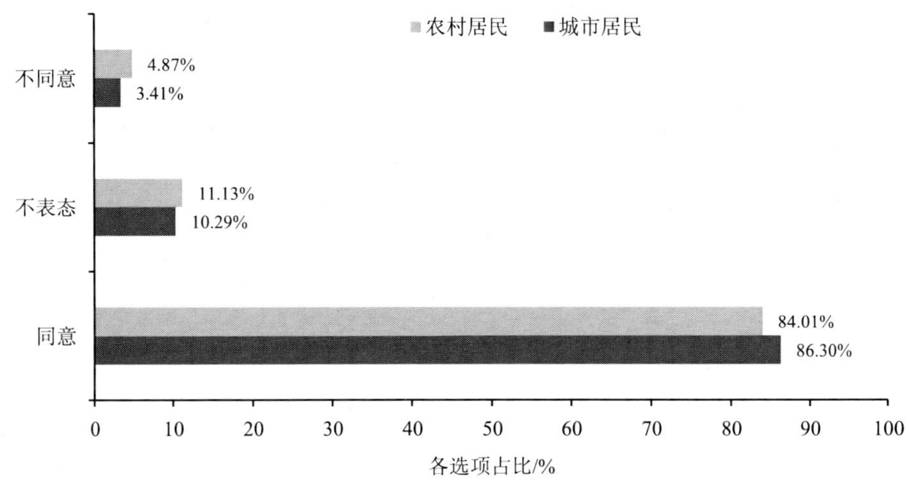

图 3-38 开放式问题 2 统计结果

对“问题 3：是否同意城镇化加快会促进节能工作”，调查区域有 79.59%的城市居民和 79.23%的农村居民同意城镇化加快会促进节能工作（图 3-39）。根据调查，部分持同意态度的城市居民认为农民进城之后，住上了保温效果好的房子，不用再烧煤了，有利于节能；部分持同意态度的农村居民认为农民进城之后，消费观念也会改变，在城市生活成本较高，日常生活会注意到节约能源。

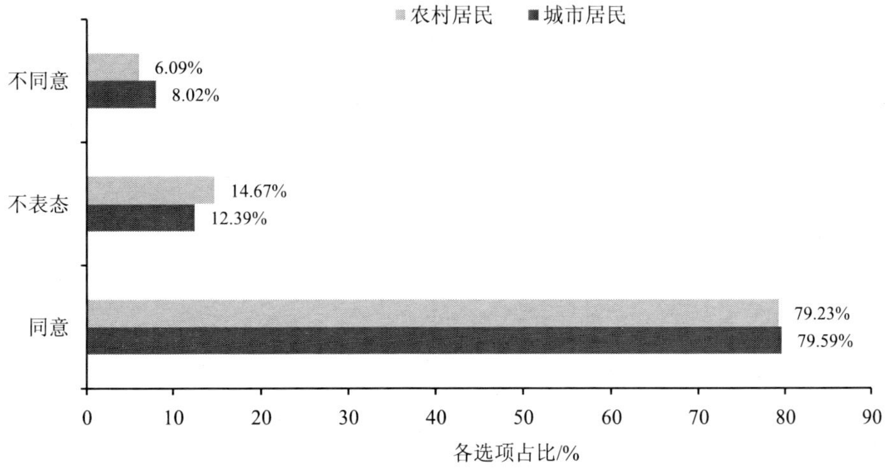

图 3-39 开放式问题 3 统计结果

对“问题 4：是否了解新能源或可再生能源”，调查区域有 80.12%的城市居民和 68.68%的农村居民表示对新能源或可再生能源有一定的了解（图 3-40）。城市居民由于信息获取方式的多样性和便利性，对新能源或可再生能源的了解比农村居民要多。根据调查，无论是城市居民还是农村居民对新能源或可再生能源大多只停留在对字面意思的理解或概念的了解上，对新能源或可再生能源利用政策、技术比较模糊。

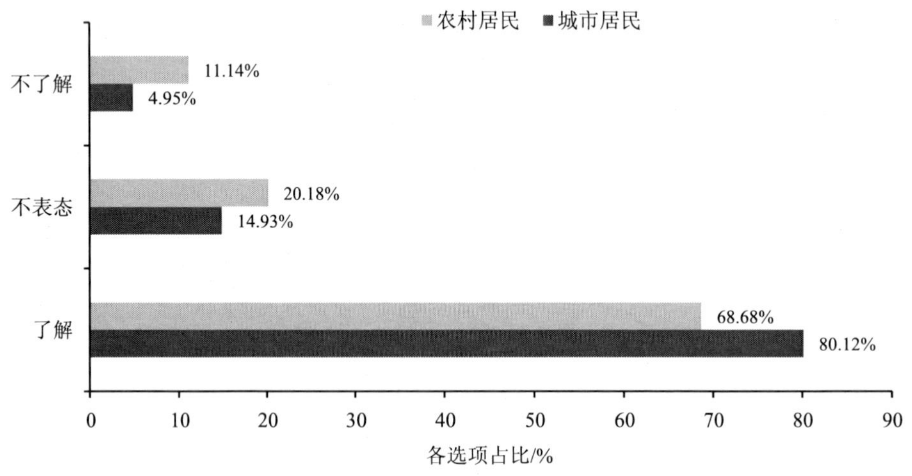

图 3-40 开放式问题 4 统计结果

对“问题 5：是否愿意使用新能源或可再生能源”，调查区域有 87.56%的城市居民和 77.31%的农村居民表示愿意使用新能源或可再生能源，表示愿意的城市居民比农村居民高 10 个百分点（图 3-41）。

对“问题 6：是否愿意为使用新能源或可再生能源支付更多的费用”，调查区域有超过一半的居民表示愿意为使用新能源或可再生能源支付更多的费用，其中城市居民占比为 62.02%，农村居民占比为 55.13%（图 3-42）。由于城市居民平均收入比农村高，在能源消费方面有更强的支付能力，所以城市居民中表示愿意的人数要多于农村居民。此外，有 16.87%的城市居民和 22.43%的农村居民表示不愿意为使用新能源或可再生能源支付更多的费用，这说明城乡居民对多支付费用多少都有一定的抵触心理。

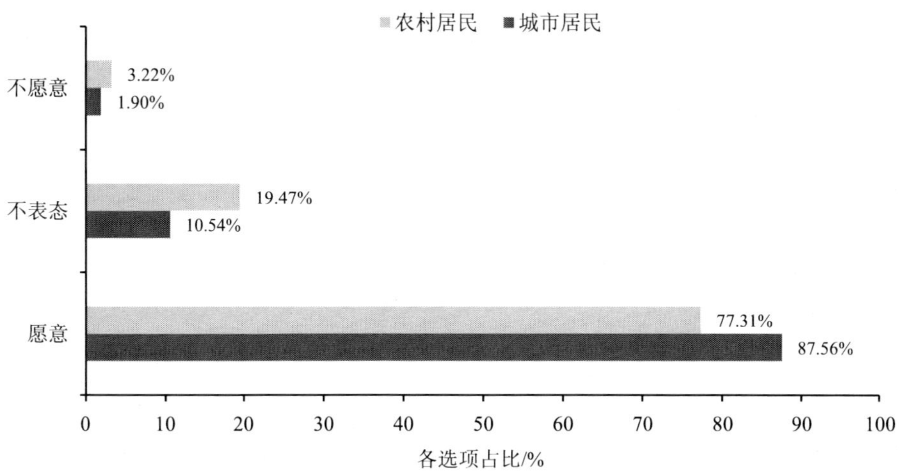

图 3-41　开放式问题 5 统计结果

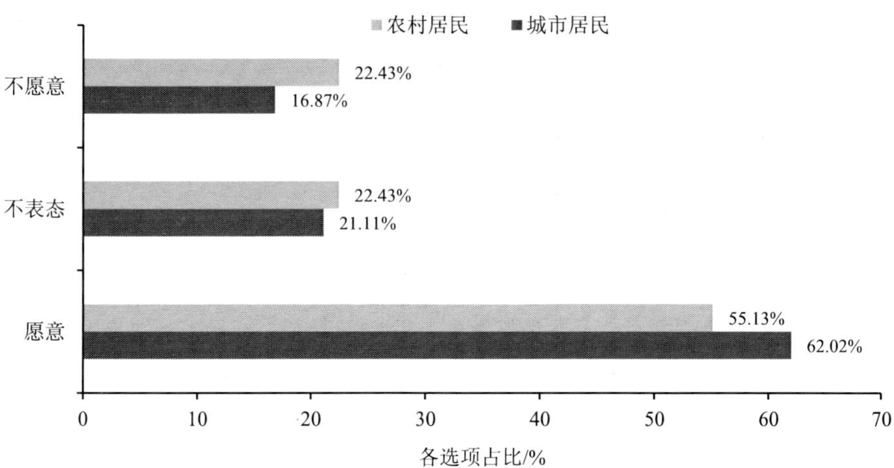

图 3-42　开放式问题 6 统计结果

第 4 章　城镇化进程中山东省生活能源消费回顾性分析

4.1　山东省生活能源消费量变化趋势分析

2016 年，山东省生活能源消费总量为 2 541.10 万 t 标准煤，占能源消费总量的 6.56%，低于江苏省的 2 744.86 万 t 标准煤，更低于广东省的 4 856.71 万 t 标准煤。随着山东省人民生活水平的不断提高，居民生活能源消费总量快速增长，由 1995 年的 384.61 万 t 标准煤增加到 2016 年的 2 541.10 万 t 标准煤，增加总量为 2 156.49 万 t 标准煤，年均增加 102.69 万 t 标准煤，年均增速为 26.70%；与此同时，能源消费总量由 1995 年的 9 939 万 t 标准煤增至 2016 年的 38 723 万 t 标准煤，年均增速为 13.79%（表 4-1 和图 4-1）。由此看出，生活能源消费增长的幅度已经超过能源消费总量的增长幅度。从生活能源消费占能源消费总量比例变化情况来看，生活能源消费占全省能源消费的比重由 1995 年的 3.87%持续攀升至 2016 年的 6.56%，年均增加 0.13 个百分点。生活能源消费增加可能的原因为：一是进城农民生活方式改变，带来建筑、交通等用能增加；二是居民节能减排观念淡薄，比如，城市居民热衷于追求大房屋、大排量私家汽车，日常生活中不注意节能减排等，也加剧了能耗的增加；三是在城镇化推进的过程中，忽视新能源的推广和使用、对能源循环利用的提倡等重视不够，缺乏法律扶持和约束[65]。

表 4-1　1995—2016 年山东省生活能源消费和能源总消费量　　单位：万 t 标准煤

年份	生活能源消费总量	能源消费总量	生活能源消费量占比/%
1995	384.61	9 939	3.87
1996	366.20	10 118	3.62
1997	321.86	10 129	3.18
1998	399.79	10 029	3.99
1999	440.04	10 105	4.35
2000	646.60	9 977	6.48
2001	511.16	11 650	4.39
2002	572.00	13 122	4.36
2003	573.20	15 975	3.59
2004	582.75	19 606	2.97
2005	1 231.48	24 195	5.09
2006	1 349.78	26 847	5.03
2007	1 481.27	29 173	5.08
2008	1 655.25	30 480	5.43
2009	1 805.10	32 226	5.60
2010	1 990.25	34 266	5.81
2011	1 917.00	31 212	6.14
2012	2 034.80	32 687	6.23
2013	2 189.70	34 235	6.40
2014	2 286.60	35 363	6.47
2015	2 379.90	36 759	6.47
2016	2 541.10	38 723	6.56

注：数据来源 2001—2017 年的《山东统计年鉴》。

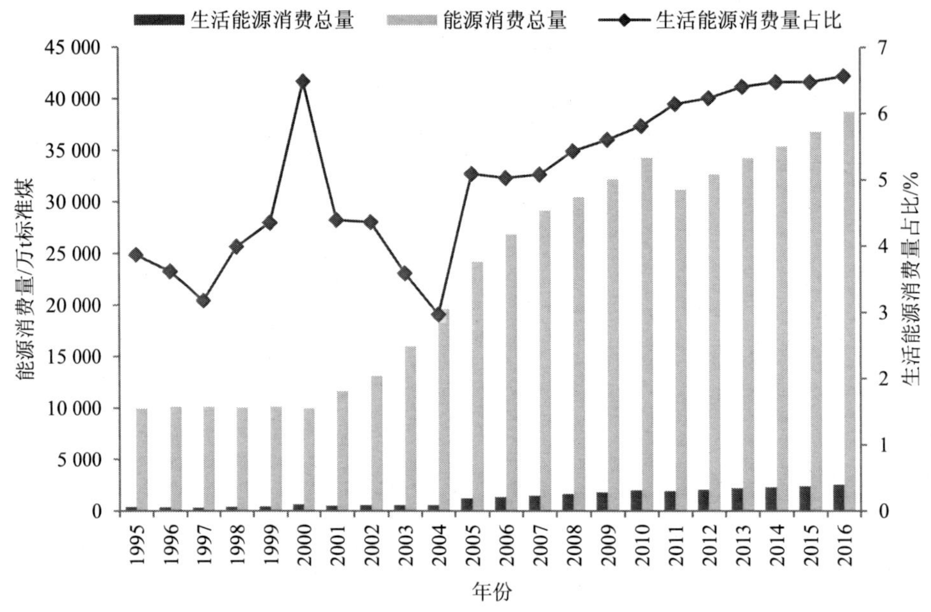

图 4-1 山东省生活能源消费总量及其所占比重

与此同时，近 20 年来，山东省常住人口城镇化率由 1995 年的 31.90%提升到 2016 年的 59.02%，提高了 27.12 个百分点，年均提高 1.29 个百分点（图 4-2）。由于不同时期山东省城镇化发展进程不一样，由此带来的生活能源消费量的增长情况也不同。本研究将探讨每 5 年城镇化水平变化对应生活能源消费量的变化情况。每 5 年生活能源消费量的变化情况如表 4-2 所示。1995—1999 年，山东省城镇化率提高了 4.8%，生活能源消费总量增加了 55.43 万 t 标准煤，城镇化率平均每提高 1%生活能源消费量增加 11.55 万 t 标准煤；2000—2004 年，山东省城镇化率提高了 5.30%，生活能源消费总量增加了 63.85 万 t 标准煤，城镇化率平均每提高 1%生活能源消费量减少 12.05 万 t 标准煤；2005—2009 年，山东省城镇化率提高了 3.32%，生活能源消费总量增加了 573.62 万 t 标准煤，城镇化率平均每提高 1%生活能源消费量增加 172.78 万 t 标准煤；2010—2016 年，山东省城镇化率提高了 9.31%，生活能源消费总量增加了 550.85 万 t 标准煤，城镇化率平均每提高 1%生活能源消费量增加 59.17 万 t 标准煤。4 个时间年限中，城镇化率平均每提高 1%生活能源消费量呈现出先降后升再降的特征，其中 2000—2004 年出现了负向增加，2005—2009 年正向增加量最大。

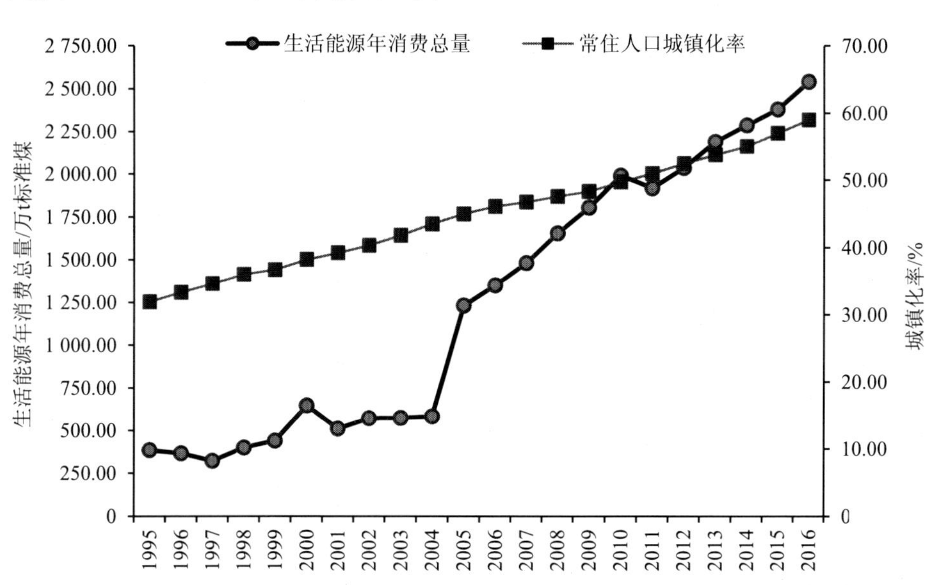

图 4-2　山东省生活能源消费总量和常住人口城镇化率变化趋势

表 4-2　1995—2016 年每 5 年生活能源消费量的变化情况

时间	城镇化率变化/%	生活能源消费总量变化/万 t 标准煤	城镇化率平均每提高 1%生活能源消费量变化/万 t 标准煤
1995—1999	（+）4.80	（+）55.43	（+）11.55
2000—2004	（+）5.30	（−）63.85	（−）12.05
2005—2009	（+）3.32	（+）573.62	（+）172.78
2010—2016	（+）9.31	（+）550.85	（+）59.17

注：（+）表示正向增加，（−）表示负向增加。

4.2　山东省生活能源消费品种构成变化趋势分析

本研究根据《山东统计年鉴》相关统计数据，对四类生活分品种能源煤炭、汽油、液化石油气和电力的消费变化情况进行分析（图 4-3）。

1．分品种生活能源用量变化趋势分析

1995—2016 年，山东省分品种生活能源中煤炭消费量呈现波动上升趋势，由 1995 年的 337.68 万 t 增加到 2016 年的 657.4 万 t，年均增加 15.22 万 t。

汽油消费量呈现快速增加趋势，由 1995 年的 15.81 万 t 增加到 2016 年的 461.3 万 t，汽油消费量增长了 29 倍。随着社会经济的发展与居民生活水平的提高，山东省城乡居民家用汽车拥有量快速增长。根据 2005—2016 年统计数据结果显示，城镇居民家用汽车拥有情况由 2005 年的 4.47 辆/百户增加到 2016 年的 55.60 辆/百户，增长了 12.4 倍；农村居民拥有家用汽车情况则由 2005 年的 1.07 辆/百户增加到 2016 年的 29.40 辆/百户，增长了 27.5 倍。私家车拥有量的快速增长带动了居民生活汽油消费量的快速增长。

20 多年来，液化石油气呈现先增加后减少再增加的趋势。1995—2010 年，液化石油气消费量由 13.09 万 t 增加到 133.04 万 t，年均增加 8.0 万 t；2010 年之后开始减少，2014 年减至 41.0 万 t，4 年间减少了 92.04 万 t；2015 年又开始增加，2016 年增加至 49.8 万 t。

电力消费量也呈现递增趋势，由 1995 年的 7.954 TW·h 增加到 2016 年的 55.44 TW·h，年均增加 2.261 TW·h，20 多年间消费量增长了近 7 倍。随着科技的进步与居民收入水平的提高，洗衣机、电冰箱、彩色电视机、家用电脑（计算机）、微波炉、烤箱、空调、热水器等各类家用电器以及电瓶车等交通工具逐渐得到了普及，导致居民用电量快速增长。通过对比 2005 年和 2016 年家用电器拥有情况可知（图 4-4 与图 4-5），城镇居民家庭除电冰箱、彩色电视机外，洗衣机、热水器、空调、家用电脑拥有数量均得到快速增加，洗衣机由 93.28 台/百户增加至 97.10 台/百户，热水器由 72.42 台/百户增加至 95.50 台/百户，空调由 74.40 台/百户增加至 121.60 台/百户，家用电脑由 45.64 台/百户增加至 80.20 台/百户；农村居民家用电器拥有数量从 2005 年到 2016 年均得到快速增加，电冰箱由 28.60 台/百户增加至 96.20 台/百户，洗衣机由 40.90 台/百户增加至 91.70 台/百户，热水器由 15.38 台/百户增加至 80.10 台/百户，空调由 4.02 台/百户增加至 51.80 台/百户，彩色电视机由 90.98 台/百户增加至 109.10 台/百户，家用电脑由 2.29 台/百户增加至 37.50 台/百户。

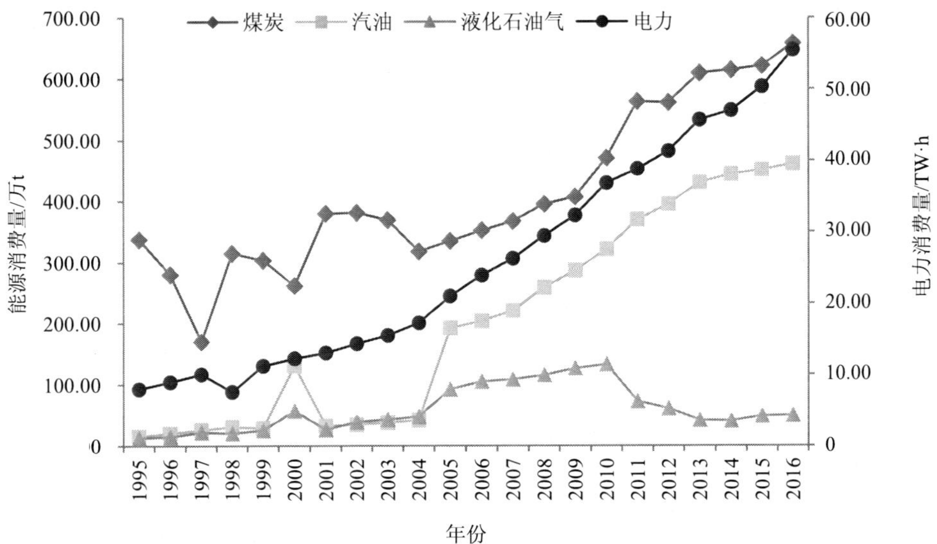

图 4-3　生活能源消费品种消费量变化趋势

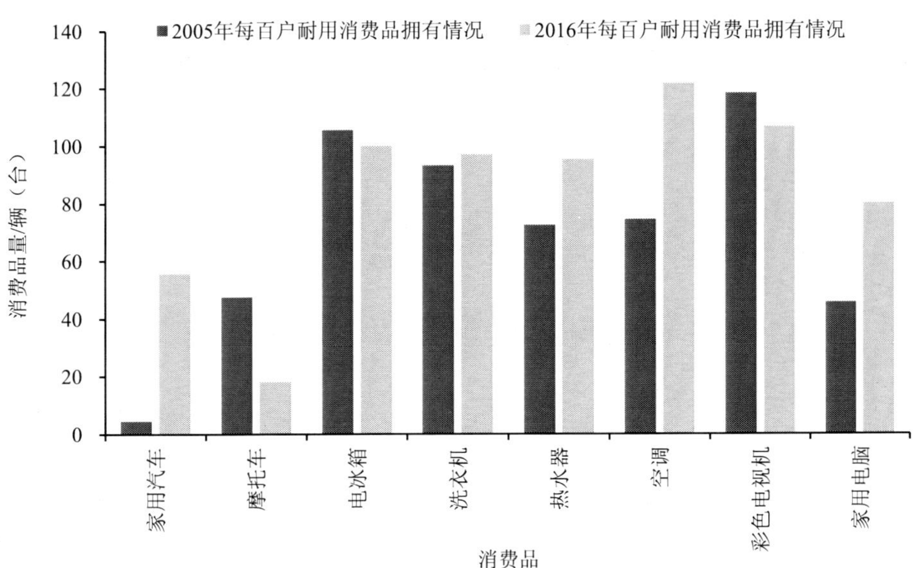

图 4-4　2005 年和 2016 年山东省城镇居民每百户耐用消费品拥有情况

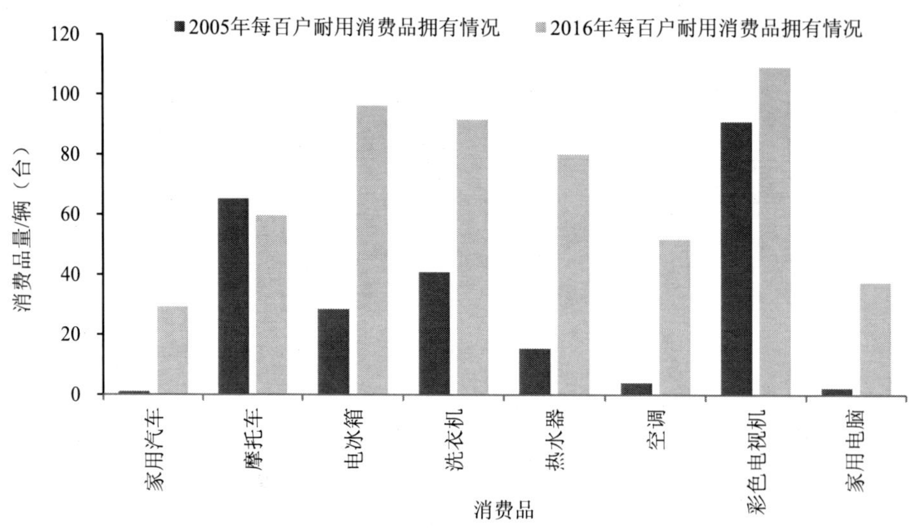

图 4-5 2005 年和 2016 年山东省农村居民每百户耐用消费品拥有情况

2. 生活能源消费品种构成变化趋势分析

为便于不同种类能源的比较，本研究将煤炭、汽油、液化石油气和电力等实物消费量统一折算为标准煤，计算得到 1995—2016 年山东省生活能源消费品种构成，如表 4-3 和图 4-6 所示。

从各能源占山东省生活能源消费总量比例变化来看，1995—2016 年，煤炭占山东省生活能源消费总量的百分比从 1995 年的 62.71%下降至 2016 年的 24.52%，年均下降 1.82 个百分点；汽油经历了先增长后下降的变化，占比从 1995 年的 6.05%增加至 2014 年的 37.54%，再下降至 2016 年的 35.44%；20 年来，液化气占比则经历了先增长后下降的变化，从 1995 年的 5.83%增长至 2006 年的 17.55%，再下降至 2016 年的 4.46%；电力占比则由 1995 年的 25.41%起伏上升至 2016 年的 35.58%，年均增长 0.48 个百分点。

从生活能源消费品种构成变化来看，1995 年，煤炭和电力占据生活能源消费的主要地位，占比分别为 62.71%和 25.41%；2016 年，电力和汽油则是生活用能的主要消费种类，占比分别为 35.58%、35.44%。山东省居民生活能源消费逐渐打破了“煤炭为主”的基本格局，正向高效化、清洁化转变，生活能源消费结构已呈现出汽油化、电力化的发展趋势。

表 4-3　1995—2016 年山东省生活能源消费品种构成　单位：%

能源＼年份	1995	1996	1997	1998	1999	2000	2001	2002	2003	2004	2005
煤炭	62.71	54.72	37.82	56.30	49.24	29.78	51.66	48.01	45.20	38.98	25.51
汽油	6.05	8.28	12.00	11.51	9.65	30.67	9.14	9.05	9.59	10.60	30.11
液化气	5.83	6.99	11.91	8.90	9.90	15.60	8.65	11.92	12.64	14.12	16.87
电力	25.41	30.00	38.27	23.29	31.21	23.94	30.54	31.02	32.58	36.30	27.51
能源＼年份	2006	2007	2008	2009	2010	2011	2012	2013	2014	2015	2016
煤炭	24.52	23.92	23.06	21.90	22.57	25.99	25.16	25.56	25.21	24.52	24.52
汽油	29.26	29.66	31.16	31.82	31.79	35.13	36.44	37.20	37.54	36.68	35.44
液化气	17.55	16.98	16.19	16.37	15.30	8.04	6.54	4.23	4.04	4.63	4.46
电力	28.67	29.45	29.59	29.90	30.34	30.83	31.87	33.00	33.21	34.17	35.58

注：根据 2001—2017 年的《山东省统计年鉴》相关数据整理而成。

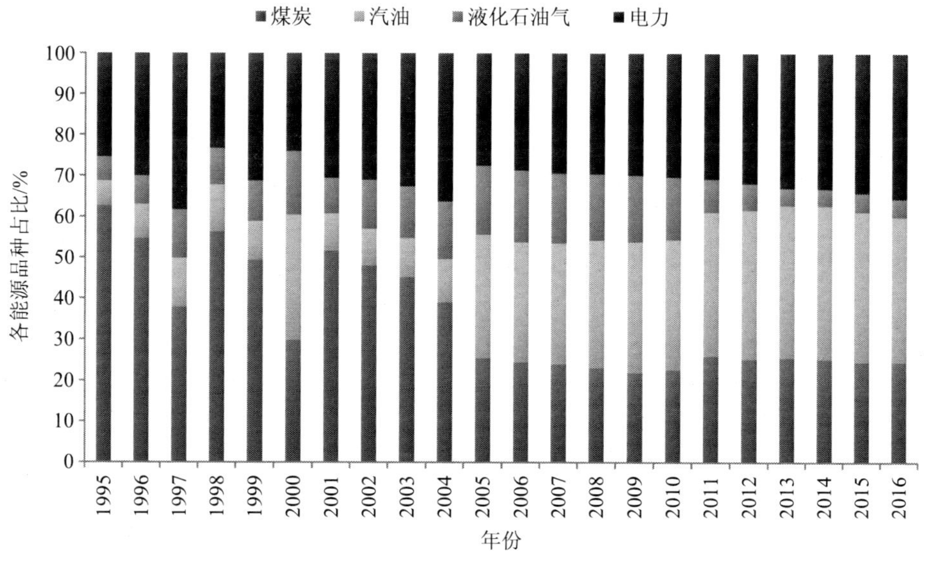

图 4-6　1995—2016 年山东省生活能源消费品种构成变化

3．各区域城乡居民生活用电趋势分析

考虑到电力是每个居民家庭必需的能源，且消费量逐年在增加，已超过煤炭、

汽油、液化气消费量，位列首位。本研究对全省 17 个设区的市城乡居民生活用电变化趋势进行了分析（表 4-4）。

表 4-4 2009—2016 年 17 地市城乡居民生活用电概况 单位：亿 kW·h

设区的市	2009 年	2010 年	2011 年	2012 年	2013 年	2014 年	2015 年	2016 年
济南市	36.3	40.7	40.7	44.4	48.3	48.8	52.3	55.5
青岛市	43.3	49.5	50.1	51.6	57.5	59.9	64.7	69.5
淄博市	20.1	21.8	22.3	21.7	24.4	24.5	26.1	28.2
枣庄市	8.7	10.4	11.6	13.5	15.6	15.5	16.5	19.0
东营市	6.3	7.6	7.9	7.5	8.5	8.9	9.9	10.8
烟台市	27.1	29.4	30.3	31.7	34.7	36.3	38.4	40.8
潍坊市	32.1	35.1	37.8	39.6	42.6	44.3	46.7	50.6
济宁市	19.3	23.1	25.1	29.7	34.7	34.2	36.5	41.8
泰安市	15.0	16.9	16.5	19.0	21.8	22.7	23.8	26.4
威海市	12.1	12.7	12.2	12.5	13.5	14.4	15.8	16.8
日照市	7.3	8.3	9.5	10.8	12.4	12.7	13.9	15.2
莱芜市	2.8	3.5	3.9	4.5	4.9	4.9	5.3	5.6
临沂市	24.2	29.7	31.7	36.4	42.8	45.2	49.6	59.2
德州市	16.6	19.9	22.6	20.5	20.9	21.5	23.0	25.9
聊城市	18.6	21.2	21.2	22.2	24.9	24.9	26.1	27.8
滨州市	10.3	11.9	13.3	14.5	15.8	16.4	18.2	19.9
菏泽市	22.7	26.3	31.3	32.0	33.7	34.8	36.6	41.2

注：数据来源于 2010—2017 年的《山东统计年鉴》。

从用电量现状来看，17 个设区的市城乡居民生活用电量从多到少的排序为青岛、临沂、济南、潍坊、济宁、菏泽、烟台、淄博、聊城、泰安、德州、滨州、枣庄、威海、日照、东营、莱芜，平均占全社会用电量的 12.10%。从用电量变化趋势看（图 4-7），2009—2016 年，全省 17 个设区的市城乡居民生活用电量均呈现逐年增加的趋势，年平均增加率为 5.6%～20.7%。从各设区的市年均增长率空间分布来看，青岛、潍坊、德州、济南、烟台、聊城、淄博、威海的用电量年均增长率为 5%～10%，莱芜、滨州、菏泽、泰安、东营的用电量年均增长率为 10%～15%，枣庄、济宁、日照的用电量年均增长率高于 15%，临沂的用电量年均增长率超过 20%。济南、青岛、烟台、潍坊城乡居民生活用电量年均增长率虽然不高，但平均用电量基数较大，为 3.36～5.58 GW·h；枣庄、日照城乡居民生活用电量年均增长率虽然较高，但平均用电量基数较小，为 1.13～1.39 GW·h。

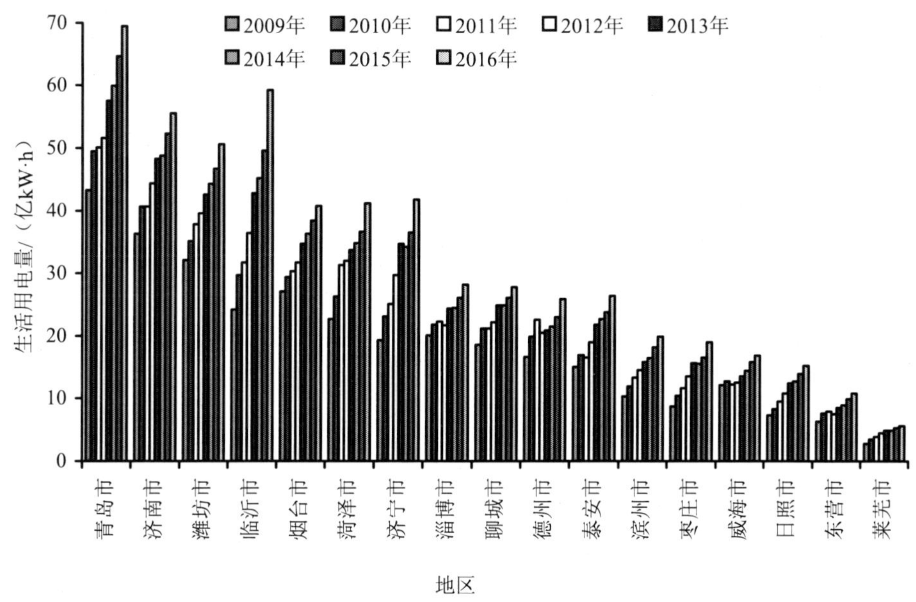

图 4-7 2009—2016 年山东省 17 个设区的市城乡居民生活用电变化趋势

4.3 山东省生活能源消费强度变化趋势分析

生活能源消费强度为单位 GDP 的生活能源消费量，即生活能源消费总量与 GDP 的比值，一般用于衡量生活能源利用效率。生活能源消费总量数据来源于《山东统计年鉴》中分品种生活能源年消费总量数据。为消除价格变动因素，GDP 折算成 1995 年的可比价格。经统计可知，1995—2016 年，生活能源消费强度整体呈现波动下行趋势，从 77.65 kg 标准煤/万元下降到 53.04 kg 标准煤/万元，年均下降 1.17 kg 标准煤/万元，年均下降率 1.5%。具体变化趋势为：1995—1997 年生活能源消费强度呈下降趋势，1997—2000 年出现上升，2000—2004 年表现为下降，到 2005 年又有所上升，之后又表现为一路下行（图 4-8）。2005 年之后生活能源消费强度呈现下降趋势的主要原因是 2005 年之后生活能源消费量的增长速度低于 GDP 的增长速度，这主要与山东省节能减排工作的总体要求有关，也从另一侧面反映了山东省技术进步和节能水平的提高。

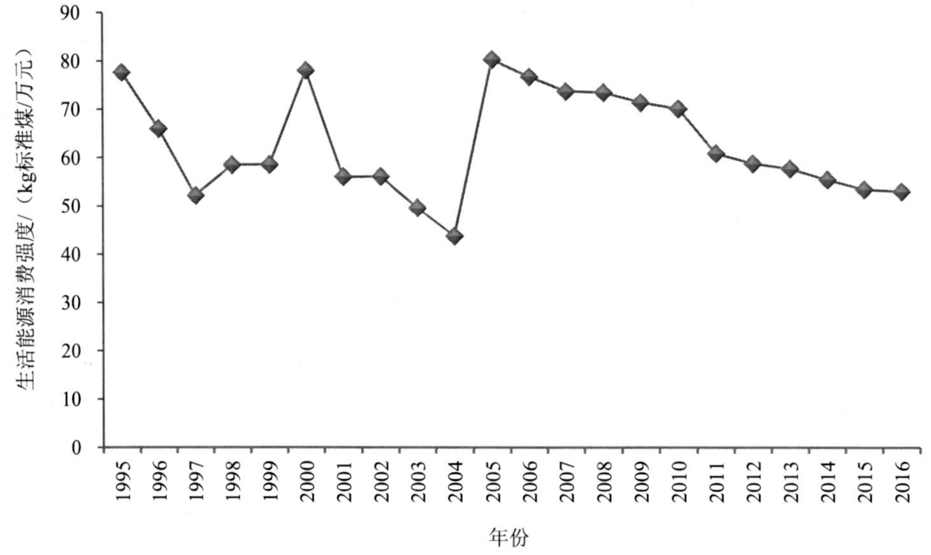

图 4-8 1995—2016 年山东省生活能源消费强度变化趋势

第 5 章　山东省城镇化进程中生活能源消费影响分析

城镇化作为人口转移的重要途径，其伴随着人们生产和生活方式的双重变革，会导致能源消费变动的双重效应，主要表现为：一方面，从全球来看，城镇的生产性能源消费明显大于农村，同时城镇化也会带来居民生活消费规模和消费水平的提高，这些变化将导致居民生活能源消费的增加；另一方面，城镇化发展作为一种集约化的发展方式，对于能源效率的提高、高效能源利用技术的推广具有聚集效应和规模效应，在一定程度上可能减少能源消耗[48]。

探究生活能源消费变化的影响因素是预测生活能源消费趋势、制定居民节能措施的前提。城镇化本身包含双重含义，既是城乡人口结构变化的过程，也是经济发展水平和居民收入水平提高的过程；在分析城镇化对生活用能需求的影响时，不能简单地分析城镇化率与生活用能量二者间的相关性，而应该区分城镇化进程中人口结构变化、经济发展水平、能源消费强度以及能源消费结构等因素对生活用能的不同影响[54]。本研究试图找出城镇化进程中影响山东省生活能源消费的各种因素，然后分析各种因素对生活能源消费有着怎样的影响。

5.1　山东省城镇化发展与生活能源消费关系研究

当前，山东省正处于城镇化快速发展时期，随着人们消费水平的提高和居民消费结构的升级，势必对山东省生活能源消费产生更高的依赖。因此，如何明确与把握山东省城镇化发展与生活能源消费之间的关系，对于未来山东省城镇化发展水平和生活能源消费量科学合理预测，以及制定科学合理的城镇化发展和能源战略具有重要的决策参考意义。

利用计量统计技术对能源与城镇化、经济发展等因素之间的关系进行研究，已成为目前研究的热点。黄献松采用 ADF 检验、Johansen 协整检验、动态因素分解模型等经济计量方法，实证了陕西省城市化与能源消费之间的动态相关性，结果表明，陕西省城市化与能源消费量之间存在协整关系，但这种长期均衡的短期调整幅度不大，现阶段城市化对陕西能源需求的贡献作用仍比较小，且呈现逐年下降的趋势[50]。褚志明采用 ADF 检验、Johansen 协整检验、误差修正模型和格兰杰（Granger）因果检验等方法对辽宁省城市化与能源消费动态关联性进行了分析，结果表明，辽宁省城市化与能源消费总量之间存在长期稳定均衡关系，长期来看，城市化每提高一个百分点，能源消费总量就增加 5.383%，短期来看，城市化每增加 1%，能源消费总量就增加 3.250%。因此城市化与能源消费水平之间存在双向因果关系[37]。郑明慧应用 ADF 检验、Johansen 协整检验、格兰杰因果检验等计量统计方法对河北省经济发展与能源消费关系进行了实证研究[66]。赵鹏以中国城市化与能源消费为研究对象，采用 Johansen 协整检验、误差修正模型和格兰杰因果检验等方法对国内生产总值、城市化率、工业化水平、能源价格与能源消费总量的关系进行了研究[67]。

本研究将利用 ADF 检验、协整检验、格兰杰因果检验分析方法，对山东省 1995—2016 年的城镇化发展水平和生活能源消费总量之间的关系进行实证研究。其中，协整检验可用于分析城镇化与生活能源消费是否有长期的均衡关系，格兰杰因果检验用于分析城镇化与生活能源消费是否存在因果关系。

5.1.1 数据来源

本研究所使用的居民生活能源消费总量原始数据来源于《山东统计年鉴》，城镇化率数据来源于《山东省城镇化发展报告》。城镇化率是个比例指标，单位为%，生活能源消费总量是个实物指标，单位为万 t 标准煤。为了便于变量之间长短期分析和消除变量之间异方差的影响，本研究以 1995—2016 年城镇化率和生活能源消费总量的自然对数的时间序列 LUR 和 LEN 作为分析变量。

5.1.2　城镇化与生活能源消费计量分析

1. 变量的平稳性检验

在运用传统的计量经济学进行回归分析时，要求分析变量的时间序列必须是平稳的，否则会产生伪回归的现象。然而，在现实中，大多数的时间序列是非平稳的，直接应用非平稳的时间序列进行分析研究经济变量之间的均衡关系会导致错误的分析结果，误导人们对事实的实证分析。因此，在运用协整理论分析之前，需要对时间序列变量进行平稳性检验。本节将采用单位根检验（ADF）方法来检验变量的平稳性，最优滞后阶数采用 AIC 最小准则确定。检验结果见表 5-1。

表 5-1　城镇化率、生活能源消费量自然对数的单位根检验结果

变量	ADF 检验值	各显著性水平下的临界值			*P* 值	检验结果
		1%	5%	10%		
LUR	−1.963 998	−3.788 030	−3.012 363	−2.646 119	0.299 0	非平稳
LEN	−0.600 798	−3.788 030	−3.012 363	−2.646 119	0.850 5	非平稳
D（LUR）	−3.151 457	−3.808 546	−3.020 686	−2.650 413	0.038 7	平稳
D（LEN）	−5.152 712	−3.808 546	−3.020 686	−2.650 413	0.000 6	平稳
D（LUR，2）	−6.612 475	−3.831 511	−3.029 970	−2.655 194	0.000 0	平稳
D（LEN，2）	−4.377 765	−3.920 350	−3.065 585	−2.673 459	0.004 2	平稳

注：D（LUR）、D（LEN）表示一阶差分，D（LUR，2）、D（LEN，2）表示二阶差分。若 ADF 检验值＞临界值，那么零假设对于序列是不平稳的假设不能被拒绝，当 ADF 检验值＜临界值时零假设被拒绝得到序列是平稳的结论。

由表 5-1 可知，应用 ADF 平稳性检验结果表明，山东省 1995—2016 年城镇化率和生活能源消费量的时间序列在 10%的显著性水平下存在单位根，即城镇化率和生活能源消费量的原序列均为非平稳序列。而其一阶差分序列 D（LUR）和 D（LEN）均在 10%的显著性水平下拒绝有单位根的假设，因此，可以认为 LUR 和 LEN 时间序列均为一阶单整序列，记作 *I*（1），满足协整检验要求。

2. 协整检验

两个或多个变量的时间序列是不平稳的，但是它们的线性组合可能是平稳的。通过协整检验可以考察变量之间长期均衡的关系。由于 LUR 和 LEN 时间序列变

量均为 $I(1)$，所以可以对这两个变量进行协整检验。对于非平稳序列之间是否存在协整关系主要依靠两种检验方法：一种是传统的 EG 两步法，另一种则是 Johansen 协整检验。前者适用于两个时间序列变量之间的检验，而后者的适用范围更广。因此，本研究将使用 Johansen 方法进行协整检验。

在进行协整检验之前，根据 LR（似然比）检验方法、AIC 标准和 SC 标准，确定最优滞后阶数为 1。Johansen 检验结果如表 5-2 所示。

表 5-2　城镇化率与生活能源消费量之间协整检验结果

原假设	特征值	迹统计量	0.05 临界值	*P* 值
没有*	0.526 394	15.139 25	13.428 78	0.056 5
最多一个	0.009 536	0.191 642	2.705 545	0.661 5

注：*表示在 10%的显著性水平下拒绝原假设。

由协整检验结果可知，在 10%的显著性水平下，山东省城镇化发展水平与生活能源消费之间存在唯一一个协整关系，即 1995—2016 年，山东省城市化发展水平与生活能源消费之间存在长期稳定的均衡关系。

3．城镇化率对生活能源消费的格兰杰因果关系检验

格兰杰因果检验是判别两个变量之间是否存在因果关系的检验分析方法，可以用来检验某个变量的所有滞后项是否对另一个或几个变量的当期值有影响。若影响显著，说明该变量对另一个变量或几个变量存在格兰杰因果关系；若影响不显著，说明该变量对另一个变量或几个变量不存在格兰杰因果关系。格兰杰因果关系检验的原假设是被检验变量不是因变量的因果关系，如果检验的概率 *P* 值小于设定的置信水平（通常为 5%），则认为被检验变量构成因变量的因果关系；反之，认为被检验变量不是因变量的因果关系[68]。对 LUR 和 LEN 的格兰杰因果关系检验的结果如表 5-3 所示。

表 5-3　城镇化率和生活能源消费量的格兰杰因果关系检验

原假设	*F* 统计量	*P* 值
LUR 不是 LEN 的格兰杰原因	5.376 36	0.017 4
LEN 不是 LUR 的格兰杰原因	2.918 61	0.085 0

由格兰杰因果关系检验可知，LUR 是 LEN 的格兰杰原因，而 LEN 不是 LUR 的格兰杰原因，即城镇化发展是生活能源消费增加的原因，而生活能源消费的增加并不能导致城镇化的发展。这说明山东省城镇化水平和生活能源消费量之间存在单向格兰杰因果关系。城镇化水平的提高能够推动生活能源消费量的增加，生活能源消费的提高不能促进城镇化水平的提升。

5.2　基于实地调研数据的城乡居民生活用能影响分析

5.2.1　城乡居民生活能源消费量影响因素分析

本研究基于本次实际调研数据，采用计量模型对调查区域城乡居民用能的影响因素进行分析。模型中将人均生活能源消费量作为因变量，将家庭常住人口数、家庭人均收入和家庭人均住房面积作为自变量，如表 5-4 所示。模型形式为：城乡居民人均生活能源消费量=*f*（家庭常住人口数变量、家庭人均收入变量、家庭人均住房面积变量）。

表 5-4　模型变量说明

变量名称		单位	备注
因变量	人均生活能源消费量	kg 标准煤	本研究中各种生活能源人均消费量之和
自变量	家庭常住人口数	人	不包括常年在外人口数
	家庭人均收入	万元/年	—
	家庭人均住房面积	m^2	—

1. 各影响因素与农村能源消费量的相关性分析

相关性分析是用于研究现象之间是否存在某种依存关系，并探讨具体有依存关系现象的相关方向及相关程度。本研究中对因变量人均生活能源消费量与自变量家庭常住人口数、家庭人均收入和家庭人均住房面积分别进行相关性分析。利用 SPSS 软件计算因变量与自变量的 Pearson（皮尔逊）相关系数（表 5-5）。从结果可知，城乡居民家庭常住人口数、家庭人均收入和家庭人均住房面积均与人均生活能源消费量显著相关。其中，城市居民与农村居民家庭常住人口数与人均生活能源消费量显著负相关，相关系数分别为–0.386 和–0.372；城市居民与农村居民家庭常住人口数和家庭人均住房面积与人均生活能源消费量呈现显著正相关关系。

表 5-5 因变量与自变量 Pearson 相关系数

影响因素	城市			农村		
	家庭常住人口数	家庭人均收入	家庭人均住房面积	家庭常住人口数	家庭人均收入	家庭人均住房面积
相关系数	–0.386***	0.428***	0.500***	–0.372***	0.260***	0.352***

注：***表示在 1%水平（双侧）上显著相关。

2. 生活能源消费影响因素模型与结果分析

在能源消费定量分析研究中，多元线性回归模型被越来越多的使用，已成为最流行的统计方法之一。本研究采用多元线性回归模型对城乡居民用能量影响因素进行分析。用两个或两个以上的影响因素作为自变量来解释因变量的变化，可以采用多元回归分析，当多个自变量和因变量的关系是线性时，称为多元线性回归模型。多元线性回归模型的形式如下：

假定影响因变量 $\boldsymbol{Y}$ 的自变量个数为 p，并且记为 x_1， x_2，…， x_p。多元线性回归模型为： $Y=\beta_0+\beta_1x_1+\beta_2x_2+\cdots+\beta_p x_p+\varepsilon$ 。为了回归表示的简便性，令：

$$\boldsymbol{Y}=\begin{Bmatrix} y_1 \\ y_2 \\ \vdots \\ y_n \end{Bmatrix},\quad \boldsymbol{X}=\begin{Bmatrix} 1 & x_{11} & x_{12} & \cdots & x_{1p} \\ 1 & x_{21} & x_{22} & \cdots & x_{2p} \\ \vdots & \vdots & \vdots & \vdots & \vdots \\ 1 & x_{11} & x_{12} & \cdots & x_{1p} \end{Bmatrix},\quad \boldsymbol{\beta}=\begin{Bmatrix} \beta_0 \\ \beta_1 \\ \vdots \\ \beta_p \end{Bmatrix},\quad \boldsymbol{\varepsilon}=\begin{Bmatrix} \varepsilon_1 \\ \varepsilon_2 \\ \vdots \\ \varepsilon_p \end{Bmatrix} \tag{5-1}$$

则多元线性回归模型的矩阵形式为 $\boldsymbol{Y}=\boldsymbol{X\beta}+\boldsymbol{\varepsilon}$ 。

本研究运用 EViews 软件分别对调查所得的 2 316 份城市样本数据和 2 301 份农村样本数据进行处理和分析。具体分析结果如表 5-6 所示，各类影响因素对城乡居民生活能源消费量影响存在差异，具体分析结果如下。

① 家庭常住人口数因素影响。家庭常住人口数对城市居民和农村居民人均生活能源消费量影响分别在 10%、1%的水平下影响显著，回归系数分别为–14.896 6、–58.709 9，说明家庭常住人口数对人均生活能源消费量有很大的负向作用，且对

农村居民人均生活能源消费量影响更为显著，这与范例、周曙东、王效华、仇焕广等的研究结论“农村家庭人均能耗与家庭人口（户均人口）呈负相关，家庭住家人口规模越大，人均生活能源消费量越少”相吻合[69-72]。城市家庭和农村家庭每增加一个常住人口，人均消费量将分别减少–14.896 6 kg 标准煤、–58.709 9 kg 标准煤。采暖所用热力和煤，汽车、摩托车所用汽油，照明、制冷、取暖、家庭娱乐等所用电力，炊事所用天然气、液化气等能源通常是由几个家庭成员共同消耗，家庭成员可以共享这些能源资源，人数的增加将使这些活动的能源消费量降低，因此人均生活能源消费量将随着家庭常住人口的增加而下降。家庭常住人口数对农村居民生活能源消费的影响更为显著。

② 家庭人均年收入因素影响。在 1%的显著水平下，家庭人均年收入对城市居民和农村居民人均生活能源消费量影响均为正，即家庭人均年收入增加，居民对能源的消费量也增加，且这种影响非常显著，这与王文蝶、苏本营、韩昀等的研究结果相一致[44,73,74]。城市家庭和农村家庭人均收入每增加 1 万元，人均消费量将分别增加 39.894 9 kg 标准煤、36.903 4 kg 标准煤。家庭人均年收入是重要的家庭财富组成部分，可以从一定程度上反映家庭的经济水平。收入是居民能源消费决策的主要因素之一，收入高的家庭比收入低的家庭更具有能源消费能力，更愿意投入资金购买能源消费产品，如汽车、家用电器等。因此，随着收入的增加，居民对电力、天然气、液化气、汽油等各种能源消费量也增多。

③ 家庭人均住房面积因素影响。家庭人均住房面积对城市居民和农村居民的人均生活能源消费量在 1%的显著水平下影响均为正，即随着人均住房面积的增大，城市居民和农村居民的人均生活能源消费量将增加，这与周曙东、王虹等的研究结果相一致[70,75]。城市家庭和农村家庭人均住房面积每增加 1 m^2，人均消费量将分别增加 6.996 kg 标准煤、2.552 2 kg 标准煤。人均住房面积对能源消费量有极显著正向影响的原因为：首先，人均住房面积能够反映家庭拥有的固定资产量，从而从一定程度上反映家庭财富量，上述已得出家庭人均收入对能源消费有正向影响；其次，人均住房面积可通过居民拥有耗能电器的状况影响其生活能耗水平，人均住房面积越大，居民对电力、制冷等日常生活耗能将越多；最后，对于城市居民来说，人均住房面积越大，冬季采暖所需的热力消费越多。

表 5-6 城乡居民人均生活能源消费量影响因素

因素	城市		农村	
	回归系数	t-检验	回归系数	t-检验
家庭常住人口数	−14.896 6*	−1.855 6	−58.709 9***	−8.428 3
家庭人均收入	39.894 9***	7.027 4	36.903 4***	2.839 7
家庭人均住房面积	6.996***	12.863 8	2.552 2***	6.209
常数项	122.169 1	2.954 9	460.062 9	12.288 6
影响因素模型	y=122.169 1−14.896 6x_1+39.894 9x_2+6.996x_3		y=460.062 9−58.709 9x_1+36.903 4x_2+2.552 2x_3	

注：*、**、***分别表示在 10%、5%、1%水平下显著。

3．生活能源消费影响因素的灰色关联分析

（1）灰色关联分析法简介

灰色关联分析法是灰色系统理论的重要组成部分，它结合数学方法，发展出了一套解决信息不完备系统的理论和方法。灰色系统理论适用于机制复杂、层次较多、难以从定量角度建立精确模型系统的领域。其中，灰色关联分析可以通过计算两个变量序列之间的灰色关联度的大小来度量二者之间的相似程度，关联度越高，则说明这两个变量序列的变化路径越相似。因此，灰色关联分析能够根据两个变量序列形成的曲线之间的关联度的高低来判断二者相似程度的高低。在上述主要影响因素中，有许多因素之间的关系是灰的，分不出各因素与生活能源消费量之间的关系密切程度，这样就难以找到主要矛盾。而灰色关联分析是能够准确分析系统中各因素关联程度的方法。

计算灰色关联度的步骤如下所示：

① 第一步：确定分析序列。

设参考序列（或母序列）为：

$$X'_o(t)=\left\{x'_o(k)\middle|k=1,2,\cdots,\ n\right\} \tag{5-2}$$

比较序列（或子序列）为：

$$X_i'(t)=\left\{x_i'(k)\middle|k=1,2,\cdots,\ n\right\},(i=1,2,\cdots,\ N) \tag{5-3}$$

② 第二步：标准化。

对原始数据进行无量纲化或初值化处理：

$$x_o(k)=\frac{x_o'(k)}{x_o'(l)}；\quad x_i(k)=\frac{x_i'(k)}{x_i'(l)} \tag{5-4}$$

初值化后相应的参考序列与比较序列分别为 $X_0(t)$ 和 $X_i(t)$ 。

③ 第三步：计算关联系数。

$$\eta_i(k)=\frac{\min\min\left|x_o(k)-x_i(k)\right|+\rho\max\max\left|x_o(k)-x_i(k)\right|}{\left|x_o(k)-x_i(k)\right|+\rho\max\max\left|x_o(k)-x_i(k)\right|} \tag{5-5}$$

式中：$\eta_i(k)$——序列 $x_o(t)$ 和 $x_i(t)$ 在时刻 k 的关联系数；

$\left|x_o(k)-x_i(k)\right|=\Delta_i(k)$—— $x_o(t)$ 和 $x_i(t)$ 在 k 点的绝对差；

$\min\min\left|x_o(k)-x_i(k)\right|=\Delta_{\min}$ ——最小绝对差；

$\max\max\left|x_o(k)-x_i(k)\right|=\Delta_{\max}$ ——最大绝对差；

ρ ——分辨系数，通常取 0.5。

④ 第四步：计算关联度。

参考序列与比较序列的关联度为序列在各时刻关联系数的均值，记作：

$$r_i=\frac{1}{n}\sum_{k=1}^{n}\eta_i(k)\text{ （}i\text{=1，2，…，}n\text{）} \tag{5-6}$$

本研究将使用 MATLAB 软件进行灰色关联度计算。

（2）影响因素的灰色关联结果分析

本研究分别将家庭常住人口数、家庭人均收入、家庭人均住房面积等数据序列与参考序列（城乡居民人均能源消费量）进行关联度分析。由计算结果可知，对城市居民人均生活能源消费量来说，家庭常住人口数的灰色关联度为 0.719 1，家庭人均收入的灰色关联度为 0.718 1，家庭人均住房面积的灰色关联度为 0.736 3；对农村居民人均生活能源消费量来说，家庭常住人口数的灰色关联度为 0.658 7，家庭人均收入的灰色关联度为 0.656 8，家庭人均住房面积的灰色关联度为 0.680 0。可见，在影响生活能源消费量的因素中，家庭人均住房面积对人均能源消费的影响度最大，其次为家庭常住人口数和家庭人均收入，且影响度基本相同。

综上可知，家庭人均住房面积和家庭人均收入的增加将导致生活能源消费量的增加；而家庭人口的“集聚效应”将在一定程度上促使生活能源消费量减少，有助于节能。

5.2.2 城乡居民节能意识、消费习惯与新能源使用意愿影响分析

为进一步了解城乡居民节能意识、能源消费行为习惯及新能源使用意愿的影响因素，本研究将使用 Logistic 回归模型对其进行分析。Logistic 回归模型广泛应用于对事件发生的因素进行分析，以及根据因素预测事件的发生概率，其前提假设是事件发生的概率服从标准的累积概率分布函数。该模型的基本表达式为：

$$\ln(\frac{p_i}{1-p_i})=\alpha+\beta x_i \qquad (5\text{-}7)$$

式中：p_i——第 i 个案例发生的概率，它的取值取决于解释变量 x_i。

本研究采用 SPSS 软件分别对城乡居民节能意识、能源消费行为习惯及新能源使用意愿的影响因素进行 Logistic 回归分析。模型变量如表 5-7 所示。

表 5-7 模型变量说明

变量名称	单位	备注
因变量		
对能源短缺关心问题	—	1=非常关心及关心，0=其他
对节能工作的了解	—	1=非常了解及了解，0=其他
对节约能源的重视程度	—	1=有节能习惯，0=其他
使用或购买节能家电	—	1=经常做到及较多做到，0=其他
尽可能选择绿色出行方式	—	1=经常做到及较多做到，0=其他
主动对居住房屋进行节能改造	—	1=经常做到及较多做到，0=其他
优先选择节能型或低排量汽车	—	1=经常做到及较多做到，0=其他
使用新能源或可再生能源的意愿	—	1=非常愿意及愿意，0=其他
为使用新能源或可再生能源支付更多费用的意愿	—	1=非常愿意及愿意，0=其他

变量名称	单位	备注
自变量		
受访者年龄	岁	—
教育程度	—	1=小学及初中，2=高中或中专，3=大学及研究生以上
家庭常住人口数	人	不包括常年在外人口数
家庭人均收入	万元/年	—
家庭人均住房面积	m^2	—

1. 节能意识影响因素分析

为分析节能意识的影响因素，根据调研实际，选取了对能源短缺关心问题、对节能工作的了解及对节约能源的重视程度 3 个方面进行影响因素分析。模型中将这 3 个方面分别作为因变量，将受访者年龄、教育程度、家庭人均收入作为自变量。居民对能源短缺关心问题分为非常关心、关心、无所谓、不关心和非常不关心 5 种情况。在影响因素研究时，将因变量设定为二分类变量，1 代表非常关心及关心，0 代表无所谓、不关心和非常不关心。同理，对节能工作的了解设定为二分类变量，1 代表非常了解及了解，0 代表一般、不了解和非常陌生；对节约能源的重视程度设定为二分类变量，1 代表平常有节能习惯，0 代表偶尔会注意到节约能源、不在意这些事。

（1）对能源短缺关心问题影响因素分析

城乡居民对能源短缺关心问题影响分析结果如表 5-8 所示。受访者年龄对城市居民和农村居民关心能源短缺问题均有负向影响，即年轻的居民更关心能源短缺问题，城市年轻居民表现得更为强烈。受访者教育程度对农村居民关心能源短缺问题有正向影响（显著水平 1%），对城市居民影响不显著，即受教育程度高的农村居民更关心能源短缺问题。受教育程度越高就越容易关注和了解当前有关能源短缺问题。家庭人均收入对城市居民关心能源短缺问题有正向影响（显著水平 5%），对农村居民影响不显著，即家庭人均收入高的城市居民更关心能源短缺问题。由前面分析可知，家庭人均收入高的城市居民，生活能源消费量也高，因此，从能源消费需求角度来讲，收入高的城市居民更关注能源短缺问题。

表 5-8 对能源短缺关心问题因素分析结果

自变量		*B*	S.E	Wals	Sig.	Exp（*B*）
城市居民	年龄	−0.030***	0.006	22.341	0.000	0.970
	教育程度	0.002	0.090	0.000	0.984	0.998
	家庭人均收入	0.130**	0.063	4.269	0.039	1.138
	常量	2.855	0.376	57.528	0.000	17.367
农村居民	年龄	−0.008*	0.004	3.689	0.055	0.992
	教育程度	0.363***	0.080	20.445	0.000	1.438
	家庭人均收入	0.021	0.117	0.031	0.860	1.021
	常量	0.868	0.280	9.573	0.002	2.382

注：*、**、***分别表示在 10%、5%、1%水平下显著。*B* 代表回归系数，S.E 代表标准误差，Wals 代表统计量，Sig.代表显著度，Exp（*B*）代表发生比。

（2）对节能工作的了解影响因素分析

由城乡居民对节能工作的了解影响因素分析结果（表 5-9）可知，受访者年龄对城市居民和农村居民对节能工作的了解均有负向影响，即年轻的居民更了解节能工作，农村年轻居民表现得更为强烈。在节能工作的了解方面受访者教育程度对农村居民有正向影响（显著水平 1%），对城市居民影响不显著，即受教育程度高的农村居民对节能工作的了解更多。一般受教育程度高的居民对节能工作关注的也较多，获取的节能工作信息也越多。家庭人均收入对农村居民对节能工作的了解有正向影响（显著水平 5%），对城市居民影响不显著，即家庭人均收入高的农村居民更了解节能工作。

表 5-9 对节能工作的了解因素分析结果

自变量		*B*	S.E	Wals	Sig.	Exp（*B*）
城市居民	年龄	−0.007*	0.004	2.709	0.100	0.993
	教育程度	0.019	0.063	0.088	0.767	0.982
	家庭人均收入	0.059	0.040	2.170	0.141	1.060
	常量	0.853	0.253	11.357	0.001	2.346
农村居民	年龄	−0.014***	0.004	14.130	0.000	0.986
	教育程度	0.203***	0.066	9.593	0.002	1.225
	家庭人均收入	0.236**	0.103	5.199	0.023	1.266
	常量	0.161	0.242	0.445	0.505	1.175

注：*、**、***分别表示在 10%、5%、1%水平下显著。

（3）对节约能源的重视程度影响因素分析

由城乡居民对节约能源的重视程度影响分析结果（表 5-10）可知，在节约能源的重视程度方面受访者年龄对城市居民和农村居民均有正向影响(在 1%的显著水平下)，即年龄大的居民更重视节约能源。年龄大的居民群体经历过生活水平不高的时期，所以更愿意牺牲一定的生活品质来节能，相比年轻群体有更好的节俭意识。在节约能源的重视程度方面受访者教育程度对城市居民和农村居民均有正向影响，即受教育程度高的居民更重视节约能源。一般受教育程度越高的居民，节能意识越强，也越容易节约能源。家庭人均收入对城市居民对节约能源的重视程度有负向影响（显著水平 1%），对农村居民影响不显著，即家庭人均收入低的城市居民更重视节约能源。人均收入是家庭经济水平高低的直接反映，低收入者为了节约能源费用支出，在日常生活中更能注意能源的节约使用。

表 5-10　对节约能源的重视程度因素分析结果

自变量		B	S.E	Wals	Sig.	Exp（B）
城市居民	年龄	0.021***	0.004	24.860	0.000	1.021
	教育程度	0.237***	0.062	14.749	0.000	1.267
	家庭人均收入	−0.164***	0.040	16.512	0.000	0.849
	常量	−1.315	0.248	28.155	0.000	0.269
农村居民	年龄	0.012***	0.004	9.131	0.003	1.012
	教育程度	0.499***	0.068	54.162	0.000	1.646
	家庭人均收入	−0.122	0.109	1.266	0.260	0.885
	常量	−1.824	0.258	50.108	0.000	0.161

注：***表示在 1%水平下显著。

由此可知，年长、受教育程度高和家庭人均收入低的人更重视节约能源，这些人的参与有利于节能工作的开展；相反，年轻、学历低和家庭人均收入高人的节约能源的意识较淡薄，随着教育的普及、节能宣传教育的不断开展，这一现象必将有所改观。

2．能源消费行为习惯影响因素分析

为分析能源消费行为习惯的影响因素，根据调研实际，选取了使用或购买节能家电、尽可能选择绿色出行方式（公共交通、自行车或步行方式）、主动对居住房屋进行节能改造及优先选择节能型或低排量汽车 4 个方面进行影响因素分析。模型中将这 4 个方面分别作为因变量，将受访者年龄、教育程度、家庭人均收入作为自变量。在影响因素分析时，将因变量设定为二分类变量，1 代表经常做到及较多做到，0 代表偶尔做到及很少做到。

（1）使用或购买节能家电影响因素分析

城乡居民使用或购买节能家电影响分析结果如表 5-11 所示。受访者年龄对城市居民使用或购买节能家电问题有负向影响（显著水平 10%），即年轻的城市居民更能做到使用或购买节能家电，对农村居民影响不显著。可能是因为年轻的城市居民对家电使用中的节能技巧有更深入的了解，能够运用所掌握的技巧更科学地使用家用电器。受访者教育程度对农村居民使用或购买节能家电问题有正向影响（显著水平 1%），对城市居民影响不显著，即受教育程度高的农村居民更能做到使用或购买节能家电。使用节能家电可以减少家庭费用支出，在农村购买节能家电可以享受补贴，降低购买费用，受教育程度高的农村居民对以上的认识比较强。家庭人均收入对城市居民和农村居民使用或购买节能家电问题均无显著影响。

表 5-11 使用或购买节能家电因素分析结果

自变量		*B*	S.E	Wals	Sig.	Exp（*B*）
城市居民	年龄	−0.011*	0.006	3.370	0.066	0.989
	教育程度	0.034	0.087	0.154	0.695	1.035
	家庭人均收入	0.002	0.025	0.010	0.920	1.002
	常量	2.203	0.364	36.616	0.000	9.052
农村居民	年龄	−0.005	0.005	1.106	0.293	0.995
	教育程度	0.306***	0.084	13.409	0.000	1.358
	家庭人均收入	0.065	0.051	1.601	0.206	1.067
	常量	0.791	0.322	6.042	0.014	2.205

注：*、***分别表示在 10%、1%水平下显著。

（2）尽可能选择绿色出行方式影响因素分析

由城乡居民尽可能选择绿色出行方式影响因素分析结果（表 5-12）可知，受访者年龄对城市居民和农村居民尽可能选择绿色出行方式的影响均不显著。受访者教育程度对农村居民尽可能选择绿色出行方式有正向影响（在 5%的显著水平下），即受教育程度越高的农村居民越能做到尽可能选择绿色出行方式，但对城市居民影响不显著。家庭人均收入对城市居民尽可能选择绿色出行方式有负向影响（显著水平 1%），即家庭人均收入越低的城市居民越能做到尽可能选择绿色出行方式。人均收入低的家庭购买私家车的能力不强，更多的是选择绿色出行方式。家庭人均收入对农村居民尽可能选择绿色出行方式影响不显著。

表 5-12　尽可能选择绿色出行方式影响因素分析结果

自变量		*B*	S.E	Wals	Sig.	Exp（*B*）
城市居民	年龄	–0.003	0.005	0.243	0.622	0.998
	教育程度	0.021	0.074	0.083	0.774	1.022
	家庭人均收入	–0.062***	0.021	8.452	0.004	0.940
	常量	1.840	0.307	35.803	0.000	6.295
农村居民	年龄	0.000	0.005	0.001	0.975	1.000
	教育程度	0.176**	0.081	4.731	0.030	1.192
	家庭人均收入	–0.046	0.052	0.764	0.382	0.955
	常量	1.124	0.322	12.196	0.000	3.077

注：**、***表示在 5%、1%水平下显著。

（3）主动对居住房屋进行节能改造行为影响因素分析

由城乡居民主动对居住房屋进行节能改造行为影响分析结果（表 5-13）可知，受访者年龄对城市居民主动对居住房屋进行节能改造行为有负向影响（在 1%的显著水平下），即年轻的城市居民更能做到主动对居住房屋进行节能改造。对比城市年长者，年轻的居民对房屋内的舒适度要求更高，更愿意对房屋进行节能改造。受访者教育程度对农村居民主动对居住房屋进行节能改造行为有正向影响（在 1%的显著水平下），即受教育程度越高的农村居民越能做到主动对居住房屋进行节能改造（主要是将窗户上的单层玻璃改为双层）。家庭人均收入对城市居民和农村居民主动对居住房屋进行节能改造行为均有正向影响（显著水平 1%），即家庭人均收入越高的居民越能做到主动对居住房屋进行节能改造。房屋节能改造涉及更换双层窗户、外墙加保温措施时，一般投入的费用比较高，人均收入高的家庭更能承受。

表 5-13 主动对居住房屋进行节能改造行为因素分析结果

自变量		*B*	S.E	Wals	Sig.	Exp（*B*）
城市居民	年龄	–0.011***	0.004	6.642	0.010	0.989
	教育程度	0.071	0.061	1.377	0.241	1.074
	家庭人均收入	0.133***	0.017	59.301	0.000	1.142
	常量	–0.488	0.250	3.826	0.050	0.614
农村居民	年龄	–0.002	0.004	0.389	0.533	0.998
	教育程度	0.178 ***	0.066	7.368	0.007	1.195
	家庭人均收入	0.179***	0.044	16.685	0.000	1.196
	常量	–0.932	0.270	11.940	0.001	0.394

注：***表示在 1%水平下显著。

（4）优先选择节能型或低排量汽车行为影响因素分析

由影响分析结果（表 5-14）可知，受访者年龄对城市居民优先选择节能型或低排量汽车行为有负向影响（在 1%的显著水平下），即年轻的城市居民更能做到优先选择节能型或低排量汽车。受访者教育程度对城市居民优先选择节能型或低排量汽车行为有正向影响（在 10%的显著水平下），即受教育程度越高的城市居民越能做到优先选择节能型或低排量汽车。家庭人均收入对城市居民和农村居民优先选择节能型或低排量汽车行为均有正向影响，即家庭人均收入越高的居民越能做到优先选择节能型或低排量汽车。

表 5-14　优先选择节能型或低排量汽车行为因素分析结果

自变量		*B*	S.E	Wals	Sig.	Exp（*B*）
城市居民	年龄	–0.026***	0.005	31.773	0.000	0.975
	教育程度	0.122*	0.065	3.540	0.060	1.129
	家庭人均收入	0.083***	0.018	20.594	0.000	1.086
	常量	0.944	0.269	12.366	0.000	2.571
农村居民	年龄	–0.004	0.004	0.947	0.330	0.996
	教育程度	0.064	0.067	0.896	0.344	1.066
	家庭人均收入	0.098**	0.044	4.899	0.027	1.103
	常量	0.206	0.271	0.577	0.447	1.229

注：*、**、***分别表示在 10%、5%、1%水平下显著。

由此可知，年轻的城市居民更能做到使用或购买节能家电、主动对居住房屋进行节能改造、优先选择节能型或低排量汽车。城镇化后，年轻居民的能源消费行为对节能将产生重要影响；受教育程度高的农村居民具有良好的能源消费行为，农村教育水平的提高将有助于节能；整体上，家庭人均收入高的居民也具有良好的能源消费行为，未来人均收入的提高将有助于节能。

3．使用新能源或可再生能源的意愿影响因素分析

模型中将使用新能源或可再生能源的意愿与为使用新能源或可再生能源支付更多费用的意愿分别作为因变量，将受访者年龄、教育程度、家庭常住人口数、家庭人均收入和家庭人均住房面积作为自变量。居民对使用新能源或可再生能源的意愿与为使用新能源或可再生能源支付更多费用的意愿分为非常愿意、愿意、无所谓、不愿意和非常不愿意 5 种情况。在影响因素研究时，将因变量设定为二分类变量，1 代表非常愿意、愿意，0 代表无所谓、不愿意和非常不愿意。城乡居民使用新能源或可再生能源的意愿与为使用新能源或可再生能源支付更多费用的意愿的影响分析结果如表 5-15、表 5-16 所示。

表 5-15 使用新能源或可再生能源意愿影响因素分析结果

自变量		B	S.E	Wals	Sig.	Exp（B）
城市居民	年龄	–0.012**	0.006	3.965	0.046	0.988
	教育程度	0.263***	0.087	9.188	0.002	1.301
	家庭常住人口数	0.011	0.103	0.011	0.915	0.989
	家庭人均收入	0.057	0.074	0.594	0.441	1.059
	家庭人均住房面积	–0.004	0.007	0.299	0.585	0.996
	常量	1.867	0.614	9.252	0.002	6.467
农村居民	年龄	–0.012**	0.005	6.323	0.012	0.988
	教育程度	0.537***	0.089	36.717	0.000	1.711
	家庭常住人口数	0.118	0.076	2.374	0.123	0.889
	家庭人均收入	0.012	0.141	0.008	0.930	0.988
	家庭人均住房面积	–0.005	0.004	0.418	0.524	0.990
	常量	1.699	0.502	11.438	0.001	5.467

注：**、***分别表示在 5%、1%水平下显著。

表 5-16 使用新能源或可再生能源支付更多费用意愿影响因素结果

自变量		B	S.E	Wals	Sig.	Exp（B）
城市居民	年龄	0.000	0.004	0.000	0.995	1.000
	教育程度	0.257***	0.061	17.682	0.000	1.293
	家庭常住人口数	0.053	0.071	0.564	0.453	0.948
	家庭人均收入	0.137***	0.053	6.796	0.009	1.147
	家庭人均住房面积	–0.001	0.005	0.011	0.918	0.999
	常量	–0.201	0.427	0.221	0.639	0.818
农村居民	年龄	–0.006*	0.004	2.764	0.096	0.994
	教育程度	0.407***	0.067	36.610	0.000	1.502
	家庭常住人口数	0.108	0.066	2.688	0.101	1.114
	家庭人均收入	0.054	0.122	0.192	0.661	1.055
	家庭人均住房面积	–0.003	0.004	0.149	0.766	0.993
	常量	–0.329	0.426	0.596	0.440	0.720

注：*、***分别表示在 10%、1%水平下显著。

从城乡居民使用新能源或可再生能源意愿影响因素分析结果来看，受访者年龄对城市居民和农村居民使用新能源或可再生能源均有负向影响，即年轻的居民更愿意使用新能源或可再生能源。可能是因为相比年长者，年轻人一般对新鲜事物的接受能力更强，而年长者更习惯使用传统能源。受访者教育程度对城市居民和农村居民使用新能源或可再生能源均有正向影响，即接受教育程度高的居民更愿意使用新能源或可再生能源，这与陈思明的研究结论“学历越高，农村居民使用清洁能源比例越大”相吻合[76]。调查发现，大部分受教育程度高的受访者具有更强的环境保护意识和节约能源意识，他们通过媒体或政府宣传对新能源或可再生能源相关信息有一定的了解；一般来说，受教育程度越高对于各种能源的特征、市场价格及对环境和身体健康影响的认识越高，从而越有可能逐渐放弃低质能源的使用，转而选择新能源或可再生能源。家庭常住人口数、家庭人均收入和家庭人均住房面积对城乡居民使用新能源或可再生能源的意愿无显著影响。

从城乡居民为使用新能源或可再生能源支付更多费用的意愿影响因素分析结果来看，在 10%显著水平下，受访者年龄对农村居民使用新能源或可再生能源支付更多费用有负向影响，即年轻的农村居民更愿意为使用新能源或可再生能源付更多费用，而受访者年龄对城市居民意愿无影响，这也说明了相比城市年轻的居民，农村年轻的居民对新能源或可再生能源的使用意愿更强。受访者教育程度对城市居民和农村居民使用新能源或可再生能源支付更多费用均有正向影响，即受教育程度高的居民更愿意支付更多费用。家庭人均收入对城市居民使用新能源或可再生能源支付更多费用有正向影响（显著水平为 1%），即人均收入高的城市家庭更愿意支付更多费用，而对农村居民意愿没有显著影响。这主要是因为使用新能源或可再生能源不仅可以减少传统能源的使用，还可以在一定程度上减轻环境污染。人均收入越高的城市家庭，对生活质量也越注重，也越愿意为提高生活质量支付更多的费用。家庭常住人口数、家庭人均住房面积对城乡居民使用新能源或可再生能源支付更多费用的意愿无显著影响。

5.3 基于历史统计数据的生活能源消费分解结果分析

5.3.1 数据来源与处理

由于《山东统计年鉴》中“分品种生活能源年消费总量”只统计了4种生活能源（煤炭、汽油、液化石油气和电力），因此本研究在计算能源结构效应时只对这4种生活能源进行了统计。本研究所使用的居民生活能源消费量原始数据、煤炭、汽油、液化石油气、电力实物量数据、年末常住总人口数、城镇居民消费支出总额、国内生产总值（GDP）均来源于《山东统计年鉴》。其中，参照《综合能耗计算通则》（GB/T 2589—2008）和《中国能源统计年鉴（2014）》中各种能源的标准煤折算系数，统一将煤炭、汽油、液化石油气、电力实物量消耗量折算为标准煤消耗量；为消除价格变动因素，进行不同时期GDP指标的对比，GDP折算成1995年的可比价格；城市居民消费支出根据城市居民消费价格指数，扣除物价因素影响。城镇常住人口数来源于《山东省城镇化发展报告》。值得注意的是，《山东统计年鉴》中煤炭、汽油、液化石油气、电力4种能源折标煤后求和计算的生活能源消费总量与该年鉴统计的生活能源消费总量数据不一致，本次影响分析采用4种能源折标煤后求和计算的生活能源消费总量。

5.3.2 生活能源消费的对数平均迪氏分解（LMDI）法

因素分解法是由Ang等[77]于1998年提出，通过将研究对象分解成若干个相关因子，分析不同因子对研究对象的影响程度。因素分解法主要有两种，即拉氏指数分解法和迪氏指数分解法，后者又包括数学平均迪氏分解（AMDI）法和对数平均迪氏分解（LMDI）法。由于LMDI法在分解过程中不产生残差项，因此更适于进行影响因素分解研究[78]。目前该方法已被广泛应用于能源、环境等多个研究领域。本研究在深入分析城镇化对生活能源消费影响的基础上，应用LMDI法对山东省城镇化过程中生活能源影响进行了研究。

根据对已有研究成果梳理总结，居民生活直接能耗与经济条件、能源结构、人口特征、能源效率等因素有关。本研究在经济条件、能源结构、人口特征、能源强度因素基础上，引入了城镇化水平、消费抑制因子[48]等因素。山东省生活能源消费 LMDI 分解形式如下：

$$E=\sum_{i}E_{i}=\sum_{i}P\frac{P'}{P}\frac{C}{P'}\frac{G}{C}\frac{E}{G}\frac{E_{i}}{E}=\sum_{i}PULRIS_{i} \tag{5-8}$$

式中：E——生活能源消费总量（折合标准煤）；

E_i——第 i 种生活能源消费量，包括煤炭、汽油、液化石油气、电力等能源；

P——年末常住总人口数；

P'——城镇常住人口数；

C——城镇居民消费支出总额；

G——国内生产总值 GDP；

U——城镇化率，代表城镇化水平；

L——城镇居民人均消费支出，代表经济水平；

R——城镇居民消费率的倒数，即消费抑制因子；

I——单位 GDP 的生活能源消费量，代表生活能源强度，衡量生活能源利用效率；

S_i——第 i 种能源在生活能源消费总量中所占的比例，代表能源消费结构。

LMDI 法可以采用乘法分解和加法分解两种形式，两种方法的最终分解结果是一致的，可以相互转化。乘法分解是将基期和报告期的能源消费量之比表示为各影响因素相对贡献的乘积；加法分解则是分解能源消费量在一个时期内绝对数的变化，分解出各影响因素变化导致的能源消费增量。加法分解的结果更加直观，因此本研究采用加法对 LMDI 进行分解。分解结果如下：

$$\Delta E_{\text{tot}}=E^{t}-E^{0}=\Delta E_{\text{pop}}+\Delta E_{\text{urr}}+\Delta E_{\text{act}}+\Delta E_{\text{cif}}+\Delta E_{\text{int}}+\Delta E_{\text{str}} \tag{5-9}$$

$$\Delta E_{\text{pop}}=\sum_{i}\frac{E_{i}^{t}-E_{i}^{0}}{\ln E_{i}^{t}-\ln E_{i}^{0}}\ln(\frac{P^{t}}{P^{0}}) \tag{5-10}$$

$$\Delta E_{\text{urr}}=\sum_{i}\frac{E_{i}^{t}-E_{i}^{0}}{\ln E_{i}^{t}-\ln E_{i}^{0}}\ln(\frac{U^{t}}{U^{0}}) \tag{5-11}$$

$$\Delta E_{\text{act}}=\sum_{i}\frac{E_{i}^{t}-E_{i}^{0}}{\ln E_{i}^{t}-\ln E_{i}^{0}}\ln(\frac{L^{t}}{L^{0}}) \tag{5-12}$$

$$\Delta E_{\mathrm{cif}} = \sum_i \frac{E_i^t - E_i^0}{\ln E_i^t - \ln E_i^0} \ln(\frac{R^t}{R^0}) \tag{5-13}$$

$$\Delta E_{\mathrm{int}} = \sum_i \frac{E_i^t - E_i^0}{\ln E_i^t - \ln E_i^0} \ln(\frac{I^t}{I^0}) \tag{5-14}$$

$$\Delta E_{\mathrm{str}} = \sum_i \frac{E_i^t - E_i^0}{\ln E_i^t - \ln E_i^0} \ln(\frac{S_i^t}{S_i^0}) \tag{5-15}$$

式中：ΔE_{tot}——各个因素对生活能源消费总量的贡献值，是以万 t 标准煤为单位的实值；

ΔE_{pop}——人口效应；

ΔE_{urr}——城镇化效应；

ΔE_{act}——城镇居民经济水平效应；

ΔE_{cif}——消费抑制因子效应；

ΔE_{int}——生活能源强度效应；

ΔE_{str}——生活能源结构效应。

若 $E_i^0 = E_i^t$，此时二者可能均为 0 也可能不为 0，则两期 i 类能源消费量无变化，因素效应不存在，求和时不计此项。

若 $E_i^0 \neq E_i^t$，因素效应存在，但是其中一个为 0 时，由于 0 的对数不存在而无法计算，此时以一个很小的数（10^{-10} 或 10^{-20}）代替即可。

同样，$S_i^0 = S_i^t$（可能为 0），$\ln\frac{S_i^t}{S_i^0}$ 不存在，求和时不计此项；若二者不等，其中一个为 0，同样用很小的数代替。

5.3.3 生活能源消费 LMDI 分解结果分析

根据 1995—2016 年山东省人口、城镇居民消费支出、国内生产总值（GDP）和生活能源消费量等数据，运用 LMDI 法对影响山东省生活能源消费的影响因素进行分解，分解结果如表 5-17 和图 5-1 所示。

表 5-17 1995—2016 年山东省生活能源消费影响因素分解结果 单位：万 t 标准煤

年份	ΔE_{pop}（人口效应）	ΔE_{urr}（城镇化效应）	ΔE_{act}（经济水平效应）	ΔE_{cif}（消费抑制因子效应）	ΔE_{int}（生活能源强度效应）	ΔE_{str}（生活能源结构效应）	ΔE_{tot}（生活能源消费总量的贡献值）
1995—1996	1.42	16.09	72.39	−47.27	−60.97	−0.04	−18.38
1996—1997	1.82	13.02	46.73	−25.81	−79.68	−0.45	−44.37
1997—1998	2.13	14.07	21.20	−1.18	40.74	1.01	77.97
1998—1999	2.12	8.06	34.63	−4.86	0.19	0.12	40.26
1999—2000	6.53	20.51	48.37	−25.31	132.18	5.98	188.26
2000—2001	2.70	14.32	25.41	10.59	−153.09	−3.74	−103.81
2001—2002	2.47	15.08	47.65	−4.76	−18.29	0.05	42.20
2002—2003	2.72	21.01	35.10	13.50	−55.92	0.00	16.41
2003—2004	3.50	23.21	43.25	12.92	−83.34	0.00	−0.46
2004—2005	5.38	24.70	93.03	−20.64	244.43	8.48	355.38
2005—2006	6.45	23.70	125.73	−21.31	−46.89	0.01	87.69
2006—2007	6.59	14.85	111.36	8.97	−71.15	0.00	70.62
2007—2008	6.17	20.39	140.38	−34.62	−5.76	0.02	126.58
2008—2009	7.15	19.66	171.25	−51.38	−42.72	0.01	103.97
2009—2010	16.10	39.90	86.35	20.86	0.24	0.01	163.46
2010—2011	9.13	37.25	127.09	−17.04	−99.65	0.26	57.04
2011—2012	7.80	44.95	165.55	−70.11	−102.13	0.02	46.08
2012—2013	8.14	40.92	88.15	13.75	−42.71	0.10	108.35
2013—2014	9.87	39.88	165.11	−71.29	−105.19	0.00	38.38
2014—2015	10.48	63.38	154.65	−91.92	−66.85	−0.08	69.66
2015—2016	18.81	64.51	133.27	−80.22	−31.32	0.11	105.16
均值	6.55	27.59	92.22	−23.20	−30.85	0.57	72.88
合计	137.48	579.46	1 936.65	−487.13	−647.88	11.87	1 530.45

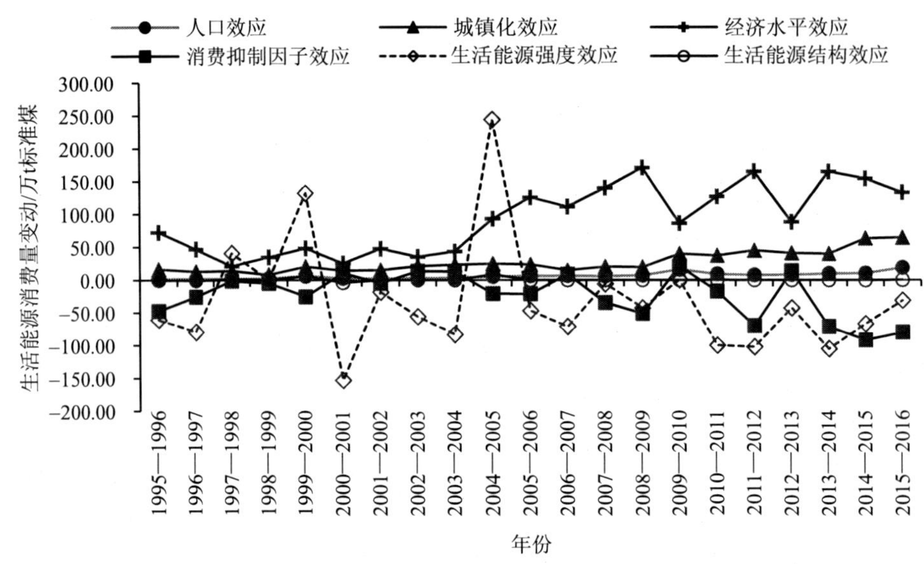

图 5-1　1995—2016 年山东省生活能源消费影响因素分解结果

1．各因素影响分析

由分解结果可知，人口因素、城镇化因素、经济水平、消费抑制因子、生活能源强度因素及生活能源结构因素对山东省生活能源消费影响差异明显。

① 人口因素。1995—2016 年，山东省人口保持低速增长，增长了 1 242 万，年均增长率为 0.68%，促进了居民生活能源消费的增加。人口增长效应对居民生活能源消费量表现为正向影响，年均贡献 6.55 万 t 标准煤，且贡献值呈现波动上升趋势。人口增长效应促使生活能源消费量增加最多的年份为 2015—2016 年，人口比 2009 年增加 100 万，促使居民生活能源消费增加 18.81 万 t 标准煤；人口增长效应促使生活能源消费量增加最少的年份为 1996—1997 年，增加值为 1.42 万 t 标准煤。1995—2016 年，人口效应对居民生活能源消费的累积贡献 137.48 万 t 标准煤，贡献率为 8.98%。

② 城镇化因素。城镇化效应对居民生活能源消费量具有正向影响，年均贡献 27.59 万 t 标准煤。城镇化效应促使生活能源消费量增加最多的年份为 2015—2016 年，贡献值为 64.51 万 t 标准煤；城镇化效应促使生活能源消费量增加最少的年份为 1998—1999 年，贡献值为 8.06 万 t 标准煤。1995—2016 年，城镇化效应对居

民生活能源消费的累积贡献 579.46 万 t 标准煤，贡献率为 37.86%。城镇化率每提高 1 个百分点，由此引起居民生活能源消费量增加 21.37 万 t 标准煤。当前，山东半岛蓝色经济区、黄河三角洲高效生态经济区、省会城市群经济圈、西部经济隆起带“两区一圈一带”发展格局逐渐清晰。在快速城镇化背景下，经济发展、城镇化因素将对生活能源消费影响效应增强。

③ 经济水平因素。随着城镇居民经济收入的提高，对居住的舒适程度、交通的便利性要求也越来越高，因此，城镇居民的消费支出也随之增加，进而导致居民生活能源消费相应增加。LMDI 分解结果表明，居民消费支出对生活能源消费量的影响表现为正向，各年贡献值均为正，年均贡献 92.22 万 t 标准煤，在各因素中的影响最大。1995—2016 年，总计生活能源消费增加了 1 936.65 万 t 标准煤，远远高于其他因素的贡献值，贡献率达 126.54%。

④ 消费抑制因子。城镇居民消费抑制因子是 GDP 与城镇居民消费支出总额的比值，即为城镇居民消费率的倒数。1995—2016 年，城镇居民消费抑制因子呈现下降趋势，说明 GDP 的增长速度慢于城镇居民消费支出的速度。消费抑制因子效应对居民生活能源消费量具有负向影响，年均贡献–23.20 万 t 标准煤。20 多年来，消费抑制因子效应对居民生活能源消费的累积贡献–487.13 万 t 标准煤，贡献率为–31.83%。

⑤ 生活能源强度因素。生活能源强度的高低用于衡量生活能源利用效率的高低，代表着技术的进步。生活能源强度的下降是降低生活能源消费主要的影响因素。1995—2016 年，单位 GDP 生活能源消费量呈现波动下行趋势，从 77.66 kg 标准煤/万元下降到 39.97 kg 标准煤/万元。除 1998 年、1999 年、2000 年、2005 年和 2010 年为正效应外，其余年份表现皆为负效应，能源强度因素导致生活能源消费总量年均下降 30.85 万 t 标准煤。1995—2016 年，累计下降 647.88 万 t 标准煤，贡献率为–42.33%。近年来，在国家节能减排大背景下，山东省不断加大科技投入，积极推行建筑节能、节能家电、阶梯电价等节能举措，提高能源利用效率，使得单位 GDP 生活能源消费量下降，技术因素的抑制效应得到大幅提升。

⑥ 生活能源结构因素。煤炭、汽油、液化石油气和电力 4 种生活能源结构累积效应对居民生活能源消费量具有正向影响，年均贡献 0.57 万 t 标准煤。1995—2016 年，生活能源结构效应对居民生活能源消费的累积贡献 11.87 万 t 标准煤，

贡献率仅为 0.78%。值得注意的是，尽管能源结构的累积效应为正，但超过一半的年份能源结构的改变产生负效应或基本不产生效应。虽然生活能源结构对生活能源消费总量贡献不大，但从各单种能源贡献效应来看，煤炭、汽油、液化石油气和电力消费对生活能源消费总量贡献存在明显差异，结果如表 5-18 所示。汽油与电力结构对生活能源消费的贡献表现为正效应，煤炭与液化石油气对生活能源消费的贡献表现为负效应，其中汽油与煤炭对生活能源消费总量的贡献最大。

煤炭结构的调整降低了生活能源消费量，表明在居民能源消费结构中，能耗高的产品煤炭消费支出比例的减少对生活能源消费的增长起了一定的抑制作用。煤炭结构对生活能源消费总量年均贡献–9.66 万 t 标准煤，1995—2016 年，累计贡献–202.88 万 t 标准煤，其在各能源中对生活能源消费量降低影响最大。随着社会经济的发展和居民生活水平的提高，私家汽车越来越多地进入居民家庭，使得汽油消费量不断增加，进而增加了生活能源消费量，对生活能源消费的增长起到了一定的促进作用。汽油结构年均贡献 11.10 万 t 标准煤，20 多年来累计贡献为 233.10 万 t 标准煤，其在各能源中对生活能源消费量增长影响最大。液化石油气占生活能源消费总量比例呈现先增加后减少的趋势，对生活能源消费的贡献表现为负效应，降低了生活能源消费量，年均贡献–6.32 万 t 标准煤，20 多年来累计贡献–132.64 万 t 标准煤。随着科技的进步与居民收入水平的提高，使得居民用电量快速增长，促进了生活能源消费量的增加。电力结构年均贡献 5.44 万 t 标准煤，20 多年来累计贡献 114.30 万 t 标准煤。电力和液化天然气的能源效率较高，而煤炭和汽油因为能源利用过程中的损耗和无用功大，在相同做功需求条件下其消费量变化对居民生活能源消费总量的影响更大。

表 5-18 能源结构对生活能源消费的贡献效应 单位：万 t 标准煤

年份	煤炭结构效应	汽油结构效应	液化气结构效应	电力结构效应	能源结构效应
1995—1996	–29.98	8.37	4.35	17.22	–0.04
1996—1997	–58.31	12.74	16.79	28.32	–0.45
1997—1998	66.90	–1.77	–10.74	–53.37	1.01
1998—1999	–29.57	–7.80	4.17	33.32	0.12
1999—2000	–101.38	114.91	30.58	–38.14	5.98
2000—2001	124.78	–126.03	–40.32	37.83	–3.74

年份	煤炭结构效应	汽油结构效应	液化气结构效应	电力结构效应	能源结构效应
2001—2002	−19.91	−0.48	17.84	2.60	0.05
2002—2003	−16.20	3.09	4.16	8.95	0.00
2003—2004	−36.24	5.93	8.63	21.68	0.00
2004—2005	−98.87	151.57	20.64	−64.85	8.48
2005—2006	−9.64	−8.37	6.68	11.34	0.01
2006—2007	−6.46	4.21	−6.02	8.27	0.00
2007—2008	−9.86	17.41	−9.15	1.61	0.02
2008—2009	−14.78	8.45	2.27	4.06	0.01
2009—2010	9.33	−0.49	−14.99	6.17	0.01
2010—2011	52.06	50.82	−110.04	7.42	0.26
2011—2012	−13.14	20.45	−23.57	16.28	0.02
2012—2013	6.74	12.63	−37.96	18.69	0.10
2013—2014	−6.03	5.81	−3.30	3.52	0.00
2014—2015	−12.41	−15.27	10.50	17.11	−0.08
2015—2016	0.10	−23.09	−3.16	26.26	0.11
均值	−9.66	11.10	−6.32	5.44	0.57
合计	−202.88	233.10	−132.64	114.30	11.88

2．不同阶段的影响因素贡献对比分析

以 2005 年为时间节点，将 1995—2016 年划分为两个时间阶段，即 1995—2005 年和 2005—2016 年。1995—2005 年，人口因素、城镇化因素、经济水平因素驱动效应和消费抑制因子、生活能源强度因素对生活能源消费的抑制效应均较弱，人口因素、城镇化因素、经济水平因素对生活能源消费的年均贡献分别为 3.08 万 t 标准煤、17.01 万 t 标准煤、46.78 万 t 标准煤，而消费抑制因子、能源强度因素导致生活能源消费年均下降 9.28 万 t 标准煤和 3.38 万 t 标准煤。2005—2016 年，无论是驱动效应还是抑制效应均呈现增强态势，人口因素、城镇化因素、经济水平因素对生活能源消费的年均贡献分别为 9.70 万 t 标准煤、37.22 万 t 标准煤、133.53 万 t 标准煤，而消费抑制因子、能源强度因素导致生活能源消费年均下降 35.85 万 t 标准煤和 55.83 万 t 标准煤。相比 1995—2005 年，2005—2016 年能源结构因素对生活能源消费的驱动效应也在减弱，年均贡献值从 1.14 万 t 标准煤下降到 0.04 万 t 标准煤。

3．分品种生活能源消费分解结果分析

同理，参照生活能源消费总量影响因素的分解，本研究又将 4 种分品种生活能源消费影响因素进行了 LMDI 分解，分解为人口效应、城镇化效应、经济水平效应、消费抑制因子效应和分品种生活能源强度效应。煤炭、汽油、液化石油气和电力消费的影响因素分解结果如表 5-19～表 5-22 所示。由分解结果可知，城镇化因素对居民生活煤炭、汽油、液化石油气和电力消费量均具有正向影响，年均贡献分别为 8.36 万 t 标准煤、7.82 万 t 标准煤、2.69 万 t 标准煤和 8.72 万 t 标准煤，贡献率分别为 76.89%、25.04%、89.93%和 31.38%。

表 5-19　煤炭消费影响因素分解结果　　单位：万 t 标准煤

年份	人口效应	城镇化效应	经济水平效应	消费抑制因子效应	生活能源强度效应	煤炭消费量的贡献值
1995—1996	0.83	9.46	42.56	–27.79	–65.83	–40.77
1996—1997	0.85	6.04	21.69	–11.98	–95.29	–78.69
1997—1998	1.01	6.67	10.05	–0.56	86.20	103.37
1998—1999	1.12	4.25	18.28	–2.56	–29.47	–8.37
1999—2000	2.57	8.08	19.05	–9.97	–49.33	–29.60
2000—2001	1.11	5.85	10.39	4.33	62.21	83.89
2001—2002	1.23	7.52	23.75	–2.37	–29.03	1.09
2002—2003	1.27	9.79	16.36	6.29	–42.25	–8.55
2003—2004	1.47	9.76	18.19	5.44	–71.30	–36.43
2004—2005	1.72	7.90	29.77	–6.61	–20.65	12.14
2005—2006	1.61	5.93	31.44	–5.33	–21.37	12.29
2006—2007	1.60	3.60	26.97	2.17	–23.69	10.64
2007—2008	1.45	4.79	32.97	–8.13	–11.21	19.86
2008—2009	1.61	4.42	38.48	–11.55	–24.38	8.58
2009—2010	3.58	8.88	19.20	4.64	9.38	45.68
2010—2011	2.22	9.07	30.96	–4.15	27.78	65.89
2011—2012	2.00	11.50	42.34	–17.93	–39.26	–1.36
2012—2013	2.07	10.39	22.38	3.49	–4.10	34.21
2013—2014	2.51	10.12	41.92	–18.10	–32.74	3.71
2014—2015	2.61	15.76	38.45	–22.86	–29.03	4.93
2015—2016	4.61	15.82	32.68	–19.67	–7.58	25.86
均值	1.86	8.36	27.04	–6.82	–19.57	10.88
合计	39.03	175.59	567.88	–143.20	–410.92	228.38

表 5-20　汽油消费影响因素分解结果　　单位：万 t 标准煤

年份	人口效应	城镇化效应	经济水平效应	消费抑制因子效应	生活能源强度效应	汽油消费量的贡献值
1995—1996	0.10	1.14	5.15	–3.36	4.03	7.06
1996—1997	0.18	1.31	4.72	–2.60	4.70	8.31
1997—1998	0.25	1.67	2.52	–0.14	3.08	7.39
1998—1999	0.22	0.85	3.66	–0.51	–7.78	–3.56
1999—2000	1.27	3.98	9.39	–4.91	140.57	150.29
2000—2001	0.51	2.69	4.77	1.99	–154.77	–144.82
2001—2002	0.22	1.37	4.34	–0.43	–2.15	3.35
2002—2003	0.25	1.96	3.27	1.26	–2.12	4.62
2003—2004	0.35	2.34	4.37	1.31	–2.49	5.89
2004—2005	1.07	4.92	18.54	–4.11	200.29	220.71
2005—2006	1.91	7.03	37.32	–6.32	–22.29	17.66
2006—2007	1.94	4.38	32.81	2.64	–16.76	25.01
2007—2008	1.88	6.20	42.71	–10.53	15.66	55.91
2008—2009	2.25	6.19	53.94	–16.18	–5.00	41.20
2009—2010	5.12	12.69	27.47	6.64	–0.42	51.50
2010—2011	3.07	12.51	42.70	–5.73	17.34	69.89
2011—2012	2.79	16.09	59.26	–25.10	–16.11	36.93
2012—2013	3.00	15.08	32.49	5.07	–3.11	52.53
2013—2014	3.69	14.90	61.70	–26.64	–33.50	20.16
2014—2015	3.89	23.52	57.39	–34.11	–40.09	10.59
2015—2016	6.78	23.26	48.05	–28.92	–34.31	14.86
均值	1.94	7.82	26.50	–7.18	2.13	31.21
合计	40.77	164.12	556.55	–150.72	44.78	655.49

表 5-21 液化石油气消费影响因素分解结果 单位：万 t 标准煤

年份	人口效应	城镇化效应	经济水平效应	消费抑制因子效应	生活能源强度效应	液化石油气消费量的贡献值
1995—1996	0.09	1.03	4.64	−3.03	0.44	3.17
1996—1997	0.17	1.21	4.33	−2.39	9.40	12.72
1997—1998	0.22	1.47	2.21	−0.12	−6.50	−2.73
1998—1999	0.20	0.76	3.26	−0.46	4.19	7.95
1999—2000	0.86	2.69	6.35	−3.32	47.93	54.50
2000—2001	0.33	1.77	3.14	1.31	−59.21	−52.66
2001—2002	0.25	1.54	4.87	−0.49	15.97	22.15
2002—2003	0.33	2.58	4.31	1.66	−2.71	6.17
2003—2004	0.47	3.11	5.79	1.73	−2.52	8.57
2004—2005	0.86	3.94	14.83	−3.29	59.61	75.94
2005—2006	1.11	4.08	21.64	−3.67	−1.39	21.77
2006—2007	1.14	2.56	19.22	1.55	−18.30	6.17
2007—2008	1.02	3.38	23.27	−5.74	−10.10	11.83
2008—2009	1.16	3.20	27.88	−8.37	−4.68	19.20
2009—2010	2.55	6.31	13.66	3.30	−14.95	10.87
2010—2011	1.03	4.21	14.38	−1.93	−121.31	−103.61
2011—2012	0.57	3.27	12.03	−5.09	−30.99	−20.23
2012—2013	0.43	2.17	4.67	0.73	−40.22	−32.23
2013—2014	0.41	1.65	6.82	−2.95	−7.65	−1.71
2014—2015	0.45	2.74	6.70	−3.98	7.63	13.54
2015—2016	0.85	2.93	6.06	−3.65	−4.65	1.54
均值	0.69	2.69	10.00	−1.82	−8.57	3.00
合计	14.51	56.59	210.05	−38.20	−180.03	62.93

表 5-22　电力消费影响因素分解结果　单位：万 t 标准煤

年份	人口效应	城镇化效应	经济水平效应	消费抑制因子效应	生活能源强度效应	电力消费量的贡献值
1995—1996	0.39	4.45	20.04	–13.09	0.34	12.14
1996—1997	0.62	4.46	16.00	–8.84	1.05	13.29
1997—1998	0.65	4.26	6.42	–0.36	–41.03	–30.06
1998—1999	0.58	2.19	9.42	–1.32	33.37	44.24
1999—2000	1.83	5.76	13.59	–7.11	–1.01	13.06
2000—2001	0.76	4.01	7.12	2.97	–5.06	9.80
2001—2002	0.76	4.65	14.68	–1.47	–3.04	15.58
2002—2003	0.86	6.68	11.16	4.30	–8.83	14.17
2003—2004	1.21	8.00	14.90	4.45	–7.03	21.52
2004—2005	1.73	7.93	29.88	–6.63	13.67	46.58
2005—2006	1.81	6.66	35.33	–5.99	–1.84	35.97
2006—2007	1.91	4.32	32.36	2.61	–12.40	28.80
2007—2008	1.82	6.02	41.44	–10.22	–0.09	38.97
2008—2009	2.13	5.85	50.95	–15.29	–8.65	34.99
2009—2010	4.85	12.02	26.02	6.29	6.24	55.42
2010—2011	2.80	11.45	39.05	–5.24	–23.20	24.86
2011—2012	2.45	14.10	51.92	–21.99	–15.75	30.73
2012—2013	2.64	13.28	28.62	4.46	4.82	53.83
2013—2014	3.27	13.20	54.66	–23.60	–31.30	16.22
2014—2015	3.53	21.36	52.11	–30.97	–5.34	40.68
2015—2016	6.56	22.50	46.49	–27.98	15.23	62.80
均值	2.06	8.72	28.67	–7.38	–4.28	27.79
合计	43.17	183.15	600.15	–155.02	–89.85	583.60

通过上述分析可知，人口因素、城镇化因素、经济水平因素、能源结构因素对生活能源消费均具有正向影响，都正向地推动了山东省能源消费量的增长；消费抑制因子和能源强度因素则对生活能源消费均具有负向影响，都抑制了山东省能源消费量的增长。首先经济水平因素对生活能源消费量增长影响最大，其次是

城镇化因素，再次是人口因素，另外生活能源结构因素影响最小；生活能源强度因素对生活能源消费量的降低影响最大，其次是消费抑制因子。由此可知，经济发展、城镇化水平提高皆是推动山东省生活能源消费持续上升的主导因素，人口因素也是导致生活能源消费增加的重要因素，而生活能源强度因素则是促使生活能源消费下降的主要因素。经统计，人口因素、城镇化因素、经济水平因素、消费抑制因子、生活能源强度因素和生活能源结构因素年均累计贡献 72.88 万 t 标准煤，1995—2016 年累计贡献约 1 530.42 万 t 标准煤。经济发展和城镇化水平的提高将对今后节能工作产生一定的压力，但与此同时，通过未来技术的进步、能源结构的优化，促使生活能源强度不断下降，将有助于减轻该压力。

有研究表明，随着经济发展水平的提高，人口从农村转移到城市对生活用能需求的影响趋于减弱；收入水平的提高对生活用能需求的影响也会随着城镇化率的提高而减弱；城镇化会提高生活用能需求，但这主要是由于收入水平提高的结果；仅从人口结构的变动看，在中国目前的发展阶段，人口由农村转移至城市有利于节能[60]。据测算，2020 年山东省建筑能耗总需求将达到 9 600 万 t 标准煤，比 2015 年增长 15.7%；预计“十三五”时期，通过绿色建筑与建筑节能发展，全省将累计形成节能潜力 3 107 万 t 标准煤，减排二氧化碳 76.76 Mt，对全社会的节能贡献率将达到 28.4%以上[79]。在未来城镇化的进程中通过不断加强建筑节能、居民交通节能以及节能的宣传教育工作，将有效减缓由于未来生活能源消费量的增加而对全省节能减排目标完成的影响。

第 6 章　城镇化进程中山东省生活能源消费预测分析

6.1　山东省城镇化未来发展预测

目前，常用的城镇化预测方法主要有时间序列预测法、灰色预测法、神经网络模型法、二次指数平滑预测法、计量经济学模型法及 Logistic 模型法等。如王庆松应用时间序列分析法、联合国法、灰色预测法和组合权重预测法对山东省未来规划年城市化发展做了预测[80]。张乐勤采用 Logistic 模型，对安徽省未来城镇化演进趋势进行了预测[53]。为提高预测的精度，本研究将采用时间序列预测法、灰色预测法、二次指数平滑预测法以及组合权重预测法等对山东省未来城镇化水平进行预测分析。

6.1.1　预测方法

1．时间序列预测法

时间顺序排列的统计数据，可认为由趋势、周期、随机共 3 种成分构成，趋势是其中最基本的成分。多数情况下，时间序列不受季节影响，如果随机成分不需要处理，那只需进行趋势外推。

设时间序列数据 $\{Y_t,\ t=1,2,\cdots,\ n\}$，描述出点$(t,\ Y_t)$在平面直角坐标系中的散点图，根据 Y_t 与 t 之间的关系，选用适当的函数 $Y_t=f(t)$ 来描述曲线，即可得到变量 Y_t 的时间序列趋势曲线，作为时间序列趋势外推的基本模型[80]。

2．灰色预测法

灰色预测法是一种基于灰色建模理论对含有不确定因素的系统进行预测的方

法。通过鉴别系统因素之间发展趋势的相异程度，进行关联分析，并对原始数据进行处理以寻找系统变动的规律，生成有较强规律性的数据序列，然后建立相应的微分方程模型，从而预测事物未来发展趋势的状况。按照其预测问题的特征可以分为数列预测、灾变预测、拓扑预测和系统预测 4 种基本类型。

本次预测属于数列预测的范畴。数列预测是对系统行为特征值大小的发展变化进行预测，称为系统行为数据列的变化预测，其特点是对行为特征量进行等时距的观测，预测它们在未来时刻的变化值。数列预测的基础是基于累加生成数列的 GM（1，1）模型。GM（1，1）模型建立过程如下：

设原始序列 $X^{(0)}=\{X^{(0)}(1),X^{(0)}(2),\cdots,X^{(0)}(n)\}$ 有 n 个观察值，通过累加生成新序列 $X^{(1)}=\{X^{(1)}(1),X^{(1)}(2),\cdots,X^{(1)}(n)\}$，则 GM（1，1）模型相应的微分方程为：

$$\frac{\mathrm{d}X^{(1)}}{\mathrm{d}t}+aX^{(1)}=\mu \tag{6-1}$$

式中：a——发展灰数；

μ——内生控制灰数。

构造矩阵 $\boldsymbol{B}$ 与向量 $\boldsymbol{Y}$：

$$\boldsymbol{B}=\begin{bmatrix} -\frac{1}{2}[X^{(1)}(2)+X^{(1)}(1)] & 1 \\ -\frac{1}{2}[X^{(1)}(3)+X^{(1)}(2)] & 1 \\ \vdots & \vdots \\ -\frac{1}{2}[X^{(1)}(n)+X^{(1)}(n-1)] & 1 \end{bmatrix} \tag{6-2}$$

$$\boldsymbol{Y}=[X^{(0)}(2),X^{(0)}(3),\cdots,X^{(0)}(n)]' \tag{6-3}$$

设 $\hat{\alpha}$ 为待估参数向量，$\hat{\alpha}=\begin{pmatrix} a \\ \mu \end{pmatrix}$，则微分方程可表示为：

$$\boldsymbol{Y}=\boldsymbol{B}\hat{\alpha} \tag{6-4}$$

利用最小二乘法可得：

$$\hat{\alpha}=\left(\boldsymbol{B}^{T}\boldsymbol{B}\right)^{-1}\boldsymbol{B}^{T}\boldsymbol{Y} \tag{6-5}$$

求解微分方程，即可得预测模型：

$$\hat{X}^{(1)}\left(k+1\right)=\left[X^{(0)}\left(1\right)-\frac{\mu}{a}\right]\mathrm{e}^{-ak}+\frac{\mu}{a},\quad k=0,1,2,\cdots,n \tag{6-6}$$

对其做累减还原，即可得到原始数列的灰色预测模型为：

$$\hat{X}^{(0)}(k+1)=\hat{X}^{(1)}(k+1)-\hat{X}^{(1)}(k) \tag{6-7}$$

本研究对 GM（1，1）模型的预测计算将借助 MATLAB 软件来实现。

3．二次指数平滑预测法[81]

指数平滑是以某种指标的本期实际数和本期预测数为基础，引入一个简化的加权因子（平滑系数），以求得平均数的一种指数平滑预测法。该预测方法的特点在于可以消除时间序列的偶然性变动，对近期数据的预测把握得比较精准。指数平滑预测模型分为一次指数平滑预测模型、二次指数平滑预测模型和三次指数平滑预测模型。当数据仅围绕某一水平做随机波动时，宜采用一次指数平滑模型；当数据具有持续的线性变化趋势时，宜采用二次指数平滑预测模型；当数据具有持续的曲线变化趋势时，宜采用三次指数平滑预测模型。根据 1995—2015 年山东省城镇化率变化趋势可以看出，20 多年来山东省城镇化率呈现上升的趋势，具有持续的线性变化，因此本研究选择二次指数平滑预测模型对城镇化率进行预测。二次指数平滑预测法由于考虑了时间序列在不同时期直线参数的变化，其预测值与原时间序列的拟合程度较好。

二次指数平滑预测模型公式如下：

$$F_{t+T}=a_t+b_tT \tag{6-8}$$

式中：F_{t+T}——$t+T$ 本期预测值；

T——未来预测的期数；

a_t、b_t——模型的参数。

$$a_t=2S_t^{(1)}-S_t^{(2)} \tag{6-9}$$

$$b_t=(\alpha/1-\alpha)(S_t^{(1)}-S_t^{(2)}) \tag{6-10}$$

$$S_t^{(1)}=\alpha Y_t+(1-\alpha)S_{t-1}^{(1)} \tag{6-11}$$

$$S_t^{(2)}=\alpha S_t^{(1)}+(1-\alpha)S_{t-1}^{(2)} \tag{6-12}$$

式中：$S_t^{(1)}$、$S_t^{(2)}$——第 t 期的一次和二次指数平滑预测值；

α——平滑常数

Y_t——时间序列在第 t 期的实际值。

当时间序列较为平稳、波动较小时，取 $0.1 \leqslant \alpha \leqslant 0.3$，修正幅度较小，预测模型包含序列信息较长；当时间序列变化趋势明显、波动较大时，$0.6 \leqslant \alpha \leqslant 0.8$，以便能够把握序列的变化，提高预测模型的灵敏度[82]。本研究 α 取 0.6。二次指数平滑预测计算借助 MATLAB 软件来实现。

4．组合权重预测法

考虑到以上三种模型虽得到较为广泛的使用，但都存在一定的不足。时间序列预测法因突出时间序列暂不考虑外界因素影响，因而存在预测误差的缺陷，当遇到外界发生较大变化的情形，往往会出现较大偏差，因此时间序列预测法对于中短期预测的效果要比长期预测的效果好。GM（1，1）可以在极强的不确定性情况下，仅知道小样本部分信息，对其生成、开发、提取，对时间序列进行正确认识和描述，做出科学的判断和预测，适用于单一指数增长模型的中长期预测，但对数据序列的异常变化难以考虑，当数据出现震荡或数据间隔的变化忽大忽小时，GM（1，1）将不再适用。指数平滑模型可以消除时间序列的偶然性变动，通过趋势变化可以得出较好的模拟曲线，但它产生的预测数据的重要程度按时间上的远近呈非线性递减，即近期数据影响价值大，权重亦大，远期数据影响价值小，权重亦小，长期预测效果并不好[82]。因此，为使预测的结果更为可信、可靠，本研究引入了组合权重预测法对未来城镇化发展进行预测。

组合权重预测法是一种首先利用两种或两种以上不同的单一模型对同一对象进行预测，然后对各个单独的预测结果取加权平均值作为最终预测结果的方法。实践证明，组合权重预测法比单一的预测模型具有更高的精确度，因为该方法是建立在多个预测模型的基础上，对预测结果赋予不同的权重，然后进行的预测。综合了所有采用的预测模型的优势，其预测结果可具有更高的稳定性，并具有更高的适应未来预测环境变化的能力。其原理如下：

假设对同一问题有 n 种预测方法，组合权重预测模型表达式为：

$$F_t = W_1\hat{y}_{t1} + W_2\hat{y}_{t2} + \cdots + W_n\hat{y}_{tj}, \sum W_j = 1 \tag{6-13}$$

式中：$\hat{y}_{tj}$——在 t 时间第 j 种方法的预测值；

F_t——t 时间组合预测的预测值；

$W_j(1, 2, \cdots, n)$——第 j 种方法的权重。

组合权重预测的核心问题是权重的确定。权重选择方法有：算术平均法、标准差法、方差倒数法、均方倒数法、AHP 法、德尔菲法、最优加权法等。本研究采用标准差法确定组合权重。计算公式为：

$$W_j = \frac{\sigma - \sigma_j}{\sigma} \times \frac{1}{n-1}, \ \sigma = \sum_{j=1}^{n} \sigma_j, \ j = 1, 2, \cdots, n \qquad (6\text{-}14)$$

式中：σ_j——第 j 种模型的标准差，标准差法对标准差较小的模型赋予较大的权重。

6.1.2　预测结果分析

基于 1995—2015 年山东省常住人口城镇化率数据，采用时间序列预测法、灰色预测法、二次指数平滑预测法和组合权重预测法对山东省未来 15 年（2016—2030 年）的城镇化率进行了预测，预测结果如表 6-1 所示。

表 6-1　山东省城镇化率预测结果统计　　单位：%

年份	时间序列预测法	灰色预测预测法	二次指数平滑预测法	组合权重预测法
2016	57.39	58.63	58.45	58.16
2017	58.60	60.22	60.00	59.61
2018	59.81	61.85	61.55	61.08
2019	61.01	63.52	63.10	62.56
2020	62.22	65.24	64.65	64.05
2021	63.42	67.01	66.20	65.56
2022	64.63	68.82	67.75	67.09
2023	65.84	70.69	69.30	68.63
2024	67.04	72.60	70.85	70.19
2025	68.25	74.57	72.40	71.77
2030	74.28	85.22	80.15	79.94

由表 6-1 可知，以上 4 种预测方法计算得到的山东省未来城镇化率各不相同。时间序列预测法得到的结果最小，而灰色预测法得到的结果最大，组合权重预测法得到的结果介于中间。从 4 种方法应用水平和计算结果看，组合权重预测法得到的结果较为理想。但这些方法均以历史数据的数理统计分析为基础，未能考虑政策等不可量化因素的影响，由于受诸多不可控因素的影响，未来城镇化水平可

能高于或低于上述 4 种方法计算得到的预测值。因此，上述 4 种方法仅是给本研究提供了一个城镇化水平预测的参考，还应结合对山东省城镇化发展相关规划（纲要）的分析（表 6-2），将专家咨询法和以上 4 种方法计算的结果进行优化分析，采用情景分析法，对山东城镇化发展水平按基准情景、中等情景和高等情景 3 种情景进行设计，其预测结果见表 6-3。

表 6-2　山东省各发展规划中城镇化率指标一览表　单位：%

发展规划（纲要）	规划年			
	2010	2015	2020	2030
山东半岛城市群总体规划（2006—2020 年）	60	—	70	—
黄河三角洲高效生态经济区发展规划	—	54	60	—
山东省城镇化发展纲要（2012—2020 年）	—	56	63	—
省会城市群经济圈发展规划（2013—2020 年）	—	—	65 左右	—
西部经济隆起带发展规划（2013—2020 年）	—	—	60 左右	—
山东省新型城镇化规划（2014—2020 年）	—	—	62 左右	—
山东省城镇体系规划（2011—2030 年）（草案）	—	—	65 左右	75 左右
山东省国民经济和社会发展第十三个五年规划纲要	—	—	大于 65	—

表 6-3　山东省城镇化未来发展水平预测情景设计与预测结果　单位：%

预测年份	基准情景	中等情景	高等情景
2016	58.6	58.8	59.5
2020	65.0	66.0	67.0
2025	70.0	72.0	74.0
2030	75.0	77.0	80.0

由预测结果可知，2016 年山东省城镇化率将达到 58.6%～59.5%，与实际统计数据 59.02%基本吻合，说明采用情景分析法预测城镇化率具有较强的适用性与可靠性。未来山东省城镇化水平将持续提高，2020 年山东省城镇化率将达到 65.0%～67.0%，2025 年山东省城镇化率将达到 70.0%～74.0%，2030 年山东省城镇化率将达到 75.0%～80.0%。

6.2　山东省生活能源消费量预测

能源消费预测模型是根据研究者对所研究对象发展趋势的认识，推测未来可能出现的发展状态，主要包括时间序列模型、回归模型、计量经济模型[83]、分解模型、协整模型、差分自回归移动平均模型（ARIMA）、Logistic 模型、人工神经网络模型[84]、灰色预测模型[85]、投入产出模型[86,87]、遗传算法模型、MARKAL[88-90]、TIMES[91,92]、LEAP[93]、IPAC 模型等。张丽峰就煤炭、石油、电力等能源消费类别，采用系统动力学模型、灰色预测模型、向量自回归模型、变权重组合预测模型进行预测[94]；Piyush 和 Nicos 利用投入产出法[95,96]，Ceylan 和 Haldenbilen 运用遗传算法模型[97,98]，Hunt 利用时间序列法，对能源需求进行预测[99]。运用 IPAT 方程可对相关能源进行预测，该方法计算的结果是基于可持续发展理念得到的理想的能源需求量[100,101]。邢璐等从居民的基本需求着手，运用混合能源投入产出模型，预测了中国在 2020 年全面建成小康社会的条件下，由居民最终消费引起的能源直接和间接需求[102]。姜金晓采用 ARMA 模型对中国未来的居民生活能源进行了预测[57]。刘志茹采用线性回归分析对北京市农村生活能源消费量进行了预测分析[103]。赵鹏基于协整模型对中国城镇化进程中的能源需求进行了预测[67]。郭玉晶分别通过 ARIMA 与 BVAR 两种方法对我国生活能源消费进行了预测，两种方法均表明我国生活能源消费呈增长趋势[46]。张乐勤采用曲线回归的最佳拟合优度分析方法，通过构建城镇化与能源消费函数关系式，对安徽省城镇化演进对能源影响前景进行了预测[53]。

情景分析法是从未来经济社会发展目标情景出发，对未来能源需求进行的测算。申玉玺对产业结构走势进行情景设计，结合拟合直线综合法进行预测[104]。国家发展和改革委员会能源研究所对能源消费部门的活动水平、工艺结构、用能设备效率等参数指标构造情景，采用 LEAP（Long-range Energy Alternatives Planning System）模型进行能源预测[105]；中国科学院可持续发展战略研究组对社会经济、能源发展、技术发展、消费方式、排放需求等方面进行情景设计，采用 IPAC 模型进行能源预测[106]；清华大学陈吉宁教授等对大连市三次产业结构终端用能和生活用能情况进行情景设计，利用情景分析法预测终端能源需求[107]。王迪等将情景分析法与 IPAT 方程及指数分解法相结合，对江苏省 2010—2020 年 3 种情景下的能源需求和能源强度变化趋势进行了分析预测[108]。张媛敏采用情景分析法与神经网络相结合的方法对中国农村能源消费需求进行了预测分析[109]。逯曙光等应用情景分析法与 LEAP 软件建立了河南省居民生活能源与环境模型在确保居民生活能源需求增长的前提下，研究比较分析不同情景下 2005—2030 年河南省居民生活用能需求和环境影响[110]。郑明慧应用情景分析法与能源消耗弹性系数预测法相结合，分析预测了河北省能源消费总量[66]。王菲基于构建的 LEAP-Jiangsu 长期能源规划模型，采用情景分析法对江苏省中长期能源需求进行了预测[111]。刘静借助构建的线性回归方程，采用情景分析法从基准情景、中等情景和高等情景 3 种不同情景模式下对昆明市能源消费总量进行了预测[112]。刘满芝等根据生活能源消费密度 LMDI 因素分解模型，应用情景分析法预测了中国生活能源消费密度变化趋势[55]。

数学模型法在能源短期预测上具有一定的借鉴意义，但由于该方法均以历史数据的数理统计分析为基础，对于长达 10 年以上的预测，由于无法把握未来发展过程中许多内部因素和外部环境技术进步升级、节能技术发展、国家宏观政策调整等对用能情况的影响，数学模型预测的结论很难让人信服；由于情景分析法考虑了政策等因素对未来能源消耗的影响，较之数学模型法对能源消费的长期预测具有更好的效果[109]。因此，本研究将从城镇化发展的角度采用情景分析法，对山东省未来规划年生活能源消费量进行预测，为决策者在制定能源政策方面提供参考依据。

6.2.1 情景分析法概述

情景分析法是指就某一主体或某一主题所处的宏观环境进行分析的一种特殊的研究方法。情景分析的整个过程是通过对环境的研究，识别影响研究主体或主题发展的外部因素，模拟外部因素可能发生的多种交叉情景，以分析和预测研究主体或主题各种可能前景。近十几年来，国际上一些机构开始采取情景分析法对所要预测的对象进行分析研究。所谓情景，既不是预言也不是预测，它只是展示了未来可能的发展方向。在设计情景时，每个人都对未来的蓝图进行构想，或者更确切地说，是对未来的发展前景进行构想。朱跃中认为在进行情景设定之前，需要对过去的发展历史进行回顾分析，然后对未来的发展趋势进行一系列合理的、超前的、客观的假设，或者说期望未来达到的目标，然后再分析达到这一目标的种种可行性及需要采取的措施[113]。情景分析作为一种评估与预测思想时，是多学科的理论和方法的综合集成。因此，多数进行经济评价与预测的研究者，通常选择某种定量分析工具，对一些指标进行量化评估，再借助定量工具得出不同情景下的发展状况，然后对这些结果进行比较、分析，提出相应的措施与建议。国内外运用情景分析进行经济评估与预测的研究非常多，主要涉及交通规划领域、农业发展领域、能源需求领域和气候变化领域[114]。

1．情景的类型

情景类型分为两种：解释性情景和期待的或规范的情景。解释性情景是以过去为起点，分析当前的形势，并据此推导出来的可能情景，也被称为基准情景。期待的或规范的情景是建立在对未来不同想象的基础上，这些想象可以是所希望出现的情景或不愿意出现的情景[111]。

2．情景分析法实施步骤[111]

构建系统发展情景应根据所研究问题的主题，鉴别和确定出影响未来系统需求与能力水平的重要驱动因素，这些因素的变化是构成不同发展情景的依据。通过对这些重要驱动因素的定性讨论和描述，明确和区分不同情景所代表的政策和发展方向，使系统发展情景形象化。进行系统发展情景分析时，需要分析和设定出与所要研究的发展情景相协调的社会经济发展状况，系统发展情景应该是这种状态下的相应结果。情景分析法的步骤如下：

步骤 1：在对系统结构、系统发展的本质特征进行研究的基础上，探索系统发展的根本机理，并寻找与系统结构之间的联系。

步骤 2：一方面通过对系统发展历史或国外相似影响条件下所研究主题的变化规律的探索，来对步骤 1 中各变量影响下研究主题的发展趋势进行分析，从而对其发展的总体状况进行初步推测；另一方面通过对当前系统发展现状的分析来寻找未来系统中具有不确定性并会对研究主题造成较大影响的关键因素，以及对这些关键因素有可能采取的决策。通过这两方面的分析即可为下一步的情景设置奠定基础。

步骤 3：以步骤 1 中系统结构、系统发展根本机理的分析为基础，以步骤 2 中系统发展趋势、决策可能性分析为依据，结合各因素之间的因果关系设定几条典型的系统发展可能路径，作为重点研究的几种情景；同时，对各不同情景的可能性概率，结合因素间相互影响进行分析与确定。

步骤 4：在步骤 3 情景设置的基础上，对受不确定因素影响较大的环节通过与国内相似发展情况进行纵向、横向对比来寻求这些环节对研究主题的作用机制，探索合理的定量模型以对各环节可能出现的不同情况进行预测，并以此为依据按照设置的各情景中对各环节的假设以及各情景的可能性概率来综合计算各情景条件下的预测结果。

根据山东省生活能源消费 LMDI 因素分解结果，影响生活能源消费的因素主要包括人口、城镇化水平、经济水平、能源结构、消费抑制因子和能源强度。本研究利用情景分析法，借助构建的 LMDI 模型对山东省 2016 年、2020 年、2025 年和 2030 年生活能源消费量进行预测。

6.2.2 生活能源消费量预测情景及参数设定

1. 情景设计

对未来山东省生活能源消费预测，以 2014 年为预测的基准年，根据国家和山东省生活能源消费现状、社会经济发展规划、能源相关政策，进行情景设计，共设计 3 种情景，即基准情景、改善情景和优化情景。

基准情景：以实现山东省制定的社会经济发展纲要和各项规划目标为基准，延续当前节能减排政策措施，不采取额外的节能政策措施。在该情景中，城镇化率、GDP 总量按照正常的速度增长，生活能源消费结构有小幅度调整，生活能源消费强度按照历史平均速率下降，交通体系按照现有政策规划发展，节能减排技术突破不显著，低碳生活模式没有普及。

改善情景：以实现山东省制定的社会经济发展目标为前提，在该情景中，城镇化率增长速度加快，GDP 总量稳定增加，生活能源消费结构得到优化，生活能源消费强度进一步下降，公共交通体系日益完善，私家汽车出行比例有所减少，节能减排技术实现突破，低碳生活模式逐渐普及。

优化情景：主要考虑经济发展模式改变，城镇化率稳定增长，节能减排技术进一步升级，生活能源消费结构进一步优化，居民节能意识明显提高，低碳生活模式已经形成，节能处于全国先进水平。

2. 相关参数情景设定

（1）人口和城镇化率的情景设定

《山东省城镇体系规划（2011—2030 年）》指出，截至 2020 年，常住人口约 10 300 万，其中城镇人口约 6 700 万，常住人口城镇化率达到 65%左右，户籍人口城镇化率达到 55%左右；截至 2030 年，常住人口约 10 600 万，其中城镇人口约 8 000 万，常住人口城镇化率达到 75%左右，基本解决农业转移人口市民化问题。《山东省国民经济和社会发展第十三个五年规划纲要》提出了山东省“十三五”时期城镇化率的发展目标：截至 2020 年，常住人口城镇化率超过 65%，户籍人口城镇化率超过 55%。根据《2015 年山东省国民经济和社会发展统计公报》，2015 年全省常住人口城镇化率达到 57.01%，比上年提高 2.0 个百分点；年末常住人口 9 847.16 万人。《山东省人口发展“十二五”规划》提出山东省“十二五”时期年均人口自然增长率控制在 6‰的目标，《山东省国民经济和社会发展第十三个五年规划纲要》提出 2020 年山东省总人口达到 10 250 万人，年均人口自然增长率小于 8‰的目标。2016 年常住人口数按 1995—2015 年人口年均增长率 6.6‰计算。一般情况下，排除自然灾害等不可抗力因素，山东省常住人口数不会发生大的变化，因此人口总量不设定基准情景、改善情景和优化情景。根据上述城镇化水平与人口预测结果，各情景指标设置见表 6-4。

表 6-4　山东省未来城镇化水平和人口情景设计

预测年份	指标	基准情景	改善情景	优化情景
2015	城镇化率/%	57.01	57.01	57.01
	城镇人口/万人	5 613.87	5 613.87	5 613.87
	常住人口/万人	9 847.16	9 847.16	9 847.16
2016	城镇化率/%	58.6	58.8	59.5
	城镇人口/万人	5 808	5 828	5 898
	常住人口/万人	9 912	9 912	9 912
2020	城镇化率/%	65.0	66.0	67.0
	城镇人口/万人	6 663	6 765	6 868
	常住人口/万人	10 250	10 250	10 250

预测年份	指标	基准情景	改善情景	优化情景
2025	城镇化率/%	70.0	72.0	74.0
	城镇人口/万人	7 315	7 524	7 733
	常住人口/万人	10 450	10 450	10 450
2030	城镇化率/%	75.0	77.0	80.0
	城镇人口/万人	7 950	8 162	8 480
	常住人口/万人	10 600	10 600	10 600

（2）国内生产总值（GDP）的情景设定

2014 年中国社科院发表的《经济蓝皮书夏季号：中国经济增长报告（2013—2014 年）》认为，未来五年中国的经济增长率将会是 6.4%～7.8%，GDP 在未来五年将步入稳速、高效的时期；国际能源署和美国能源信息署均认为，2030 年前中国 GDP 持续保持 6%～7%的增速[113]。近年来，面对日益复杂多变的国际、国内形势，山东省经济增速从高速增长转变为稳定发展。《2014—2015 年山东省国民经济和社会发展统计公报》显示，2014 年全省实现生产总值（GDP）59 426.6 亿元，按可比价格计算，比上年增长 8.7%；2015 年全省实现生产总值（GDP）63 002.3 亿元，按可比价格计算，比上年增长 8.0%。《山东省国民经济和社会发展第十三个五年规划纲要》提出，截至 2020 年，地区生产总值达到 90 400 亿元，年均增速 7.5%左右。山东省统计信息网月统计数据显示，2016 年第一季度地区生产总值为 14 914.8 亿元，增长速度为 7.3%。随着山东半岛城市群总体规划、黄河三角洲高效生态经济区发展规划、省会城市群经济圈发展规划以及西部经济隆起带发展规划的实施，山东经济未来将会保持较高的增长发展速度。根据中国社科院和美国能源信息署的估计并结合山东省经济发展状况，设置山东省未来 GDP 情景指标，如表 6-5 所示。

表 6-5 山东省未来 GDP 情景设计

预测年份	指标	基准情景	改善情景	优化情景
2015	GDP 增长率/%	8.0	8.0	8.0
	GDP/亿元	44 366.56	44 366.56	44 366.56

预测年份	指标	基准情景	改善情景	优化情景
2016—2020	GDP 增长率/%	7.5	7.5	7.0
2020—2030	GDP 增长率/%	7.0	6.5	6.0
2016	GDP/亿元	47 694.05	47 694.05	47 472.22
2020	GDP/亿元	63 693.93	63 693.93	62 226.40
2025	GDP/亿元	89 334.04	87 266.21	83 272.95
2030	GDP/亿元	125 295.61	119 562.30	111 438.00

注：GDP 按可比价格计算。

（3）城镇居民人均消费支出的情景设定

《2014—2015 年山东省国民经济和社会发展统计公报》显示，2014 年城镇居民人均消费支出 18 323 元，较上年增长 10.1%；2015 年城镇居民人均消费支出 19 854 元，较上年增长 8.4%。1995—2015 年，山东省城镇居民人均消费支出从 3 285.5 元增加至 19 854 元，年均增长 9.46%。随着未来经济社会和城镇化的快速发展，居民人均收入水平的提高和生活质量的不断提升将导致人均消费支出增加。山东省未来城镇居民人均消费支出情景设计如表 6-6 所示。

表 6-6　山东省未来城镇居民人均消费支出情景设计

预测年份	指标	基准情景	改善情景	优化情景
2015	增长率/%	8.4	8.4	8.4
	城镇居民人均消费支出/元	19 854	19 854	19 854
2016—2030	增长率/%	9.5	10.0	10.5
2016	城镇居民人均消费支出/元	21 740.13	21 839.40	21 938.67
2020	城镇居民人均消费支出/元	31 254.94	31 975.07	32 708.41
2025	城镇居民人均消费支出/元	49 202.73	51 496.16	53 885.36
2030	城镇居民人均消费支出/元	77 456.85	82 935.09	88 773.26

（4）生活能源消费强度的情景设定

1995—2014 年，山东省生活能源消费强度呈现波动下行趋势，从 77.65 kg 标准煤/万元下降到 55.66 kg 标准煤/万元，年均下降 1.49%（根据统计年鉴生活能源年消费总量数据计算）。本研究设定基准情景下生活能源消费强度年均下降 1.5%，优化情景下年均下降 2.5%，改善情景下年均下降 3.5%。

6.2.3 生活能源消费量预测结果分析

1. 不同情景下山东省未来生活能源消费总量分析

结合上述设定的 3 种情景及参数，采用 LMDI 模型对山东省未来生活能源消费量进行了预测，预测结果如表 6-7 及图 6-1 所示。

表 6-7 不同情景下山东省未来生活能源消费总量 单位：万 t 标准煤

预测年份	基准情景	改善情景	优化情景
2016	2 575.89	2 523.78	2 460.51
2020	3 237.73	3 045.68	2 796.82
2025	4 210.89	3 676.67	3 132.29
2030	5 476.13	4 438.40	3 507.75

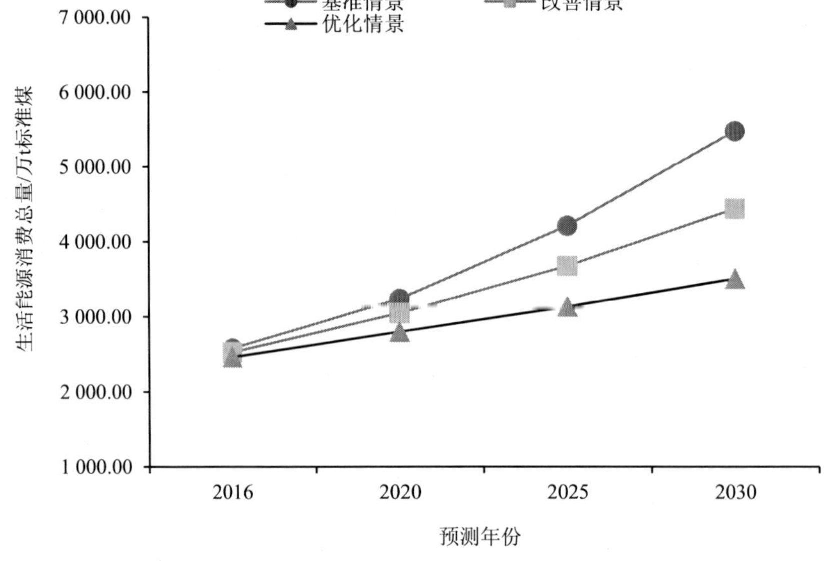

图 6-1 3 种情景下山东省生活能源消费总量变化趋势

由预测结果可知，3 种情景下，随着城镇化进程的不断加快，未来山东省生活能源消费均呈稳步上升的趋势。基准情景下，延续当前节能减排政策措施，不采取额外的节能政策措施，山东省生活能源消费量在 2016—2030 年保持较快速度增长。2020 年生活能源消费总量将增长到约 3 238 万 t 标准煤，是基准年生活能源消费总量的 1.4 倍；2025 年达到约 4 211 万 t 标准煤，是基准年的 1.8 倍；2030 年达到约 5 476 万 t 标准煤，是基准年的 2.4 倍，生活能源消费增长速度与总量都较大。

改善情景下，在生活能源消费结构优化，私家汽车出行比例减少，节能减排技术实现突破，低碳生活模式逐渐普及等情形下，生活能源消费总量上升速度较基准情景有所放缓。2020 年生活能源消费总量达到约 3 046 万 t 标准煤，是基准年生活能源消费总量的 1.3 倍，比基准情景减少约 192 万 t 标准煤；2025 年生活能源消费总量约为 3 677 万 t 标准煤，是基准年的 1.6 倍，比基准情景减少约 534 万 t 标准煤；2030 年生活能源消费总量约为 4 438 万 t 标准煤，是基准年的 1.9 倍，比基准情景减少约 1 038 万 t 标准煤。

优化情景下，通过经济发展模式改变，节能减排技术进一步升级，生活能源消费结构进一步优化，低碳生活模式的形成，使生活能源消费量的增长速度进一步降低。2020 年生活能源消费总量约为 2 797 万 t 标准煤，比基准年增长 22.32%，比基准情景少消费约 441 万 t 标准煤；2025 年生活能源消费总量约为 3 132 万 t 标准煤，比基准年增长 36.97%，比基准情景少消费约 1 079 万 t 标准煤；2030 年生活能源消费总量约为 3 508 万 t 标准煤，比基准年增长 53.42%，比基准情景少消费约 1 968 万 t 标准煤，节能效果可观。

2. 城镇化效应对山东省未来生活能源消费贡献量分析

由前述 LMDI 分解结果可知，20 多年来，城镇化效应对居民生活能源消费平均贡献率为 37.86%。据此，本研究计算了 2016—2020 年、2016—2025 年和 2016—2030 年城镇化效应对山东省未来生活能源消费增量贡献值，计算结果如表 6-8 和图 6-2 所示。2016—2020 年，基准情景下城镇化效应对山东省生活能源消费贡献量为 250.57 万 t 标准煤，改善情景下为 197.59 万 t 标准煤，优化情景下为 127.33 万 t 标准煤；2016—2025 年，基准情景下城镇化效应对山东省生活能源消费贡献量为 619.01 万 t 标准煤，改善情景下为 436.48 万 t 标准煤，优化情景下为 254.34 万 t 标准煤；2016—2030 年，基准情景下城镇化效应对山东省生活能源消费贡献量为 1 098.03 万 t 标准煤，改善情景下为 724.88 万 t 标准煤，优化情景下为 396.49 万 t 标准煤。

表 6-8 城镇化效应对山东省未来生活能源消费贡献量 单位：万 t 标准煤

年份	基准情景	改善情景	优化情景
2016—2020	250.57	197.59	127.33
2016—2025	619.01	436.48	254.34
2016—2030	1 098.03	724.88	396.49

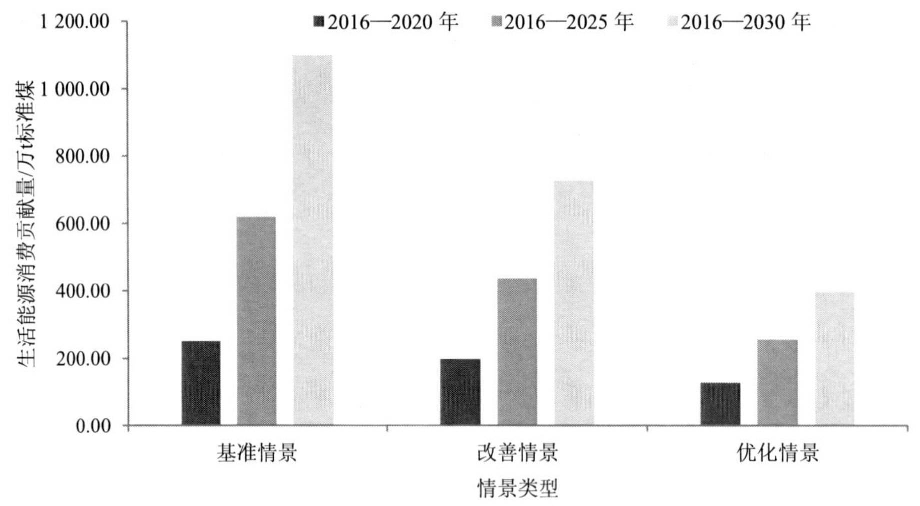

图 6-2 3 种情景下城镇化效应对山东省未来生活能源消费贡献量

第7章　城镇化背景下生活节能路径选择

当前，山东省已进入全面建成小康社会的决胜阶段，随着工业化、城镇化进程不断加快和资源环境约束日趋增强，加快转变经济发展方式、全面完成节能减排任务仍非常艰巨。2013年底，中央经济工作会议提出“要把生态文明理念和原则全面融入城镇化全过程，走集约、智能、绿色、低碳的新型城镇化道路”，这为新型城镇化的推进赋予了新的内涵，指明了发展方向。2016年山东省城镇化率为59.02%，与中等收入国家61%和高收入国家78%相比，还有较大差距。从山东省生活能源消费增量分析可知，在未来快速城镇化的过程中，山东省生活能源消费量将继续增加，这将对山东省节能工作造成一定影响。结合山东省城镇化与节能工作实际，在推进城镇化的进程中，走低碳城镇化发展道路是减少城镇化发展对生活能源消费影响以及降低生活能源消费对节能减排工作影响的必然选择。

低碳城镇化是指在城镇化推进过程中，坚持可持续发展原则，通过制定低碳科学的城镇规划、建立低碳的城镇基础设施，形成低碳的能源消费结构、发展低碳经济、加强城镇生态环境的综合治理，尽可能地减少城镇化建设对生态环境的影响，最终实现经济、社会、环境的协调发展[115]。为降低城镇化发展对山东省节能工作的影响，今后在城镇化发展过程中应从加强能源基础设施建设、加大新能源推广应用力度、继续推进建筑节能、构建低碳出行模式、注重城镇规划、完善节能政策措施以及加强节能宣传等方面做好节能减排工作。

7.1　加强能源基础设施建设，保障能源供应

一是完善供热管网设施。由于客观经济条件和生活习惯等因素的影响，目前，煤炭消费仍在山东城市家庭中占有一定的比重（占人均能源消费总量的9.73%），

主要用于冬季取暖，在县级城市的老旧小区中尤为明显。因此，下一步可结合山东省老旧小区整治改造相关政策，积极完善城镇地区供热管网设施建设，提高城镇集中供热普及率。此外，在有条件的农村地区，应积极探索集中供暖，为下一步农村城镇化奠定基础。

二是保障天然气、石油供应需求。2015 年，全省所有设市城市和县城都有管道燃气，城市（县城）燃气普及率达到 97.64%，下一步仍需继续完善城镇燃气输配管网建设，实现城镇燃气全覆盖[116]。随着山东省城镇化的持续发展以及国家、省内能源结构的不断优化调整，未来对天然气（包括液化天然气）的需求将会进一步增加。考虑到当前有关纯电动汽车政策、电动桩等设施建设还不完善，短期内纯电动汽车还不能大规模走进普通居民家庭取代燃油型汽车，因此未来一段时间内燃油型汽车依然是城市居民家庭的主要选择，油品的消费仍将可能进一步增加。为满足天然气和油品的消费需求，结合国家“一带一路”能源合作机遇，积极对接西气东输、中俄东线等国家骨干输气工程，建设完善输气、输油管线、储配装置等基础设施，加强国家原油战略储备基地建设，推进商业原油、成品油储备，保障未来天然气、石油供应需求。

三是加快城市电网建设。随着居民生活水平的提高和电瓶车、电动汽车的普及，未来电力消费将进一步增加，需要从更高的层面进行战略决策部署。一方面，按照各省规划要求，加快内蒙古、陕西、山西等省（区）至山东省特高压送电通道和省内特高压电网建设，完善特高压网络；另一方面，加强“互联网+”智慧能源基础设施建设，实施微电网示范推广工程，满足分布式电源和电动汽车等多元化用电需求，扩大风电、光伏、核电等装机规模。同时，开展农村电力设施建设改造，为新型城镇化提供可靠的电力保障。

7.2 加大新能源推广应用，优化能源消费结构

在未来的经济社会发展中，城镇将更多地承担地区社会与经济发展的动力引擎作用，需要继续以发展清洁低碳能源为方向，加大太阳能、风能、地热能、生物质能等可再生能源的综合开发力度，推动生活能源结构持续优化。

在居住小区、市政照明中大力推广太阳能系统；出台相关优惠政策，鼓励居

民购买太阳能、风能发电装置用于照明、取暖等，鼓励优先采用太阳能热水器获取生活热水。在风能、太阳能等可再生资源生产条件较好、发展利用较快的地区，推动建设以用户端自发自用为主的分布式能源网络，使分布式成为新能源开发的主要形式；同时，积极推广地热供暖、生物质压块供暖，大幅度提高新能源和可再生能源利用规模。

由于客观经济条件和生活习惯等因素的影响，调查区域农村居民的能源消费结构中传统能源煤和秸秆、薪柴仍占到 54.19%，能源利用效率较低，能耗高；相反，作为清洁能源的沼气，基本上未普及使用，能源消费结构不合理。首先，在农村地区，政府部门应加大对沼气池建设的投资补贴力度，重点支持推广以村或社区为单位的大中型集中沼气供气系统，集中运营和维护，也可采取特许经营、政府与社会资本合作（PPP）等模式，开展大型农村沼气工程建设运营；其次，加大液化气站建设，鼓励农村居民增加对液化气的消费量，以减少居民对传统生物质能源和煤的消费；最后，出台相关补贴政策，鼓励农村居民购买太阳能、风能发电装置用于照明、取暖等。在城市周边经济条件比较好的农村地区，建设天然气输配设施，引导农村居民使用清洁能源。在城市地区，应鼓励优先采用太阳能热水器获取生活热水。

7.3 持续推进建筑节能，降低建筑能耗

一是大力发展绿色建筑。建立绿色建筑全寿命周期闭合管理模式，完善设计、施工、运行和维护等阶段的政策措施，将绿色建筑指标和标准纳入规划管理、土地出让等环节，全面执行居住建筑节能 75%的设计标准。全省县城及以上城市规划区范围内新建建筑，全部执行绿色建筑标准，同时建立健全全过程监管机制。继续开展省级绿色建筑示范、省级被动式超低能耗绿色建筑试点示范与一、二星级绿色建筑评价标识的评价工作，以点带面地形成示范带动效应，因地制宜地推进绿色生态城区规划建设，推动建筑能效向更高层次发展。研究制定相关技术标准，新建高层、小高层住宅推行全装修，以减少新建建筑装修过程中的能耗。

二是扎实推进既有居住建筑节能改造。以围护结构、供热计量、管网热平衡改造为重点，完善既有建筑节能改造的激励机制，不断加大财政支持力度，深入

开展既有居住建筑供热计量及节能改造。在城市既有居住节能改造经验基础上，结合美丽村居建设、冬季清洁取暖等工作，因地制宜地实施农村既有居住建筑的外墙、门窗、屋面、檐廊等改造，创新节能改造模式，规范改造方式，有效解决农村既有居住建筑围护结构热工性能差、能效低、耗能大等问题，充分挖掘农村节能潜力，提高农村住户居住质量和舒适度，不断开创节能改造工作新局面。

三是推动供热系统改造和供热计量落地。继续实施供热系统节能改造，提高热源效率和管网保温性能，优化系统调节能力，减少管网热损失，改善管网热平衡。进一步加快完善供热计量收费政策，全面推行按热量计价收费。对实行分户计量有难度的，研究采用按小区或楼宇供热量计量收费。建立热价与煤价、气价联动机制，实行采暖补贴“暗补”变“明补”，对低收入家庭给予供热补贴。

四是推进可再生能源建筑规模化应用。完善可再生能源建筑应用技术标准，研究制定太阳能光热建筑利用条件，在 12 层及以下住宅建筑强制安装太阳能光热系统的基础上，积极推动高层建筑太阳能光热一体化应用。积极推进被动式太阳能采暖、太阳能光伏发电在建筑中的应用，因地制宜推广民用建筑地源热泵系统，促进可再生能源在建筑中的复合及深度利用。充分发挥国家可再生能源建筑应用示范区域和示范项目的示范引领作用，推动可再生能源建筑应用集中连片推广。鼓励具备条件的既有建筑应用可再生能源。

7.4 积极构建低碳出行模式，降低交通能耗

通过调查统计，私家汽车燃油消费已经位于山东省城乡居民各种生活能源消费的第 2 位，在城市地区表现得尤为突出。随着城市居民生活水平的提高，未来城市私家汽车数量将会进一步增加，进而导致交通能耗增加。针对城市居民交通能耗大的问题，下一步应加快发展完善城市公共交通，积极发展步行和自行车交通系统，推广新能源汽车的应用。

一是大力发展城市公共交通体系。以轨道交通、快速路为主干，完善全省城市道路交通网络，提升交通整体效能，构建政府主导、市场参与的绿色智能、便捷高效的城市交通体系。积极发展大容量地面公共交通系统，科学有序地推进城市轨道交通建设，加快济南、青岛轨道交通工程建设，鼓励其他有条件的地市发

展轨道交通。加快城市快速公交系统（BRT）、公交专用道、换乘枢纽等场站设施建设，优化公共交通站点和线路设置，提高覆盖率、准点率和运行速度。在市域层面全面推进公共交通城乡一体化，提高公共交通覆盖面，消除城郊区或偏远地区公交盲点；在中心城区着力提升公交发展质量，加强公交线路与其他运输方式的紧密衔接，着力提高公交车辆的舒适性、便捷性、运行效率和服务水平，缩短乘客换乘时间和路程，引导居民出行优先选用公共交通方式，提高公共交通出行分担率，减少居民出行的交通能耗。

二是加快发展慢行交通系统。加快自行车、步行通道和配套设施建设，改善自行车、步行等非机动化出行环境，确保慢行交通空间需求，营造城市慢行系统发展的良好氛围。借鉴省内外（如杭州、潍坊）公共自行车系统建设与运营经验，在全省范围内逐步建立起包括公共自行车服务点、停放点、维修点和道路网在内的公共自行车网络，使自行车出行成为市民出行的重要组成部分。商业、办公、居住、交通、旅游等建筑物应参照相关要求配置自行车停车设施，鼓励自行车换乘公共交通，改善停车换乘便利度，并研究出台换乘停车优惠政策；鼓励各市、县围绕公园、绿地、林荫道路和旅游景点，因地制宜地建设方便市民健身和休闲出行的自行车道路。

此外，还应合理控制汽车保有量，通过征收交通拥堵费、碳排放费等措施引导居民减少私家汽车出行比例，转而选择公共交通，最大可能地降低油品在生活能源消费中的比重。同时，加快以新能源、低能耗为主的汽车推广应用，鼓励城乡居民购买小排量汽车、混合动力汽车、纯电动汽车及电动自行车为交通工具，努力降低居民出行的能源消费。

7.5　调整规划思路，注重规划引领作用

城市节能问题是多个领域交错的综合问题，仅靠建筑节能或交通节能等单个领域的节能是无法根本解决的，需要在更高的层面上权衡、统筹和协调。

一是调整优化城镇规划。通过调整城镇化规划思路，推动信息化、低碳化与城镇化的深度融合，建设低碳智能城镇，按照节能减排的要求，建设小型城镇、优化城市布局、完善居民小区功能、提高社会资源的循环利用和新能源的使用，

减少生活领域的能耗[117]。一方面，在未来的城镇化中，应重视城镇建设的总体布局和规划，通过优化城镇空间布局降低能耗。如通过提高土地开发强度、加强日照利用和自然通风、合理绿地规划等规划措施减少建筑能耗，通过减少市区道路面积、规划与公共交通相匹配的公共空间等措施减少交通能耗，通过采取热电联供提高城市能源循环利用[118]；同时，各个城市应按照其实际情况，将生活区、办公区、购物区等适当拉近距离，尽可能降低出行能耗[119]。另一方面，各级政府在城镇规划中应尽可能地加入节能细节，设定相关城镇发展节能减排指标体系（如建筑使用可再生能源或新能源的比例），并作为刚性要求落实到地块开发建设中，以指导城镇化的设计和建设，提高城镇化进程中的能源效率。

二是研究编制节能相关规划。目前,《山东半岛城市群总体规划(2006—2020)》《山东省城镇化发展纲要(2012—2020年)》《山东省新型城镇化规划(2014—2020年)》《黄河三角洲高效生态经济区发展规划》《省会城市群经济圈发展规划(2013—2020年)》《西部经济隆起带发展规划(2013—2020年)》等一系列规划中都很少考虑或未考虑生活方面的节能问题，以后在规划的修订过程中应将生活节能的相关内容增加进去。同时，结合当前城镇化发展，研究编制《山东省城镇综合能源规划》《山东省“十三五”生活节能规划》《山东省生活节能中长期规划》，明确今后生活节能的目标、任务和保障措施，从全局上指导做好生活领域的节能工作。

7.6 完善节能政策措施，促进生活领域节能减排

一是完善节能相关政策。根据调研统计，热力消费已经占据当前山东省生活能源消费的最大比重，下一步应在继续推进建筑节能与绿色建筑的基础上，落实供热计量收费制度。通过合理控制煤炭消费，增加天然气、液化气等清洁能源的使用，调整优化能源消费结构促进节能。通过完善资源性产品如天然气、液化气、电力等能源的价格机制，间接地对生活能源消费进行调控，促进节能。同时，完善新能源汽车推广应用政策，制定发布《山东省新能源汽车产业发展规划》《山东省电动汽车充电基础设施专项规划》，加快全省电动汽车充电基础设施建设，促进新能源汽车产业发展和推广应用。在落实国家节能减排目标的基础上，研究探索

生活能源消费总量控制制度，提出控制目标及落实方案。

二是进一步完善能效标识制度。能效标识制度是从源头上提高节能要求，推进节能技术的治本之策，是政府转变职能，加强用能产品监督管理，规范用能产品市场的一项重要措施。下一步应继续落实能效标识制度，进一步完善能效标准的制定、实施和监督的法律体系，尽快制定高耗能产品淘汰制度，继续拓宽能效标识产品范围，加强节能产品认证，出台财税方面的优惠政策，完善监督检查机制，建立政府职能部门监督、第三方检查、企业自律、互相监督及消费者协会监督相结合的模式。同时，加强对消费者的宣传教育，形成政府、企业和消费者各尽其责、相互配合、齐抓共管的局面，共同推动能效标识制度广泛、深入地贯彻落实。

三是进一步深化节能减排全民行动。通过制定下发《山东省节能减排全民行动实施方案》，继续组织开展包括家庭社区行动、青少年行动、企业行动、学校行动、军营行动、政府机构行动、科技行动、科普行动、媒体行动等专项行动。通过典型示范、专题活动、展览展示、岗位创建、合理化建议等多种形式，广泛动员全社会参与节能减排，倡导文明、节约、绿色、低碳的生产方式、消费模式和生活习惯。

7.7　加强节能宣传，提升全民节能意识

一是有针对性地进行节能宣传。通过调研发现，年轻的居民虽然对节能工作有一定了解，但对能源的节约重视程度欠缺；受教育程度越高的居民大都重视节约能源、购买节能家电、选择绿色出行和愿意选择使用新能源；家庭人均收入低的居民更重视能源节约并更多地选择绿色出行。因此，在节能宣传上应根据不同群体进行有针对性的宣传。在青年群体中应注重能源节约的宣传教育，尤其是在学校要加强宣传力度，鼓励中小学创新开展节能知识普及教育，开展各种形式的节能专题活动，如开展建设节约型校园主题宣传活动，从小培养节约、环保意识；在老年群体中应对新能源的基本知识、使用方法及意义加强宣传。在受教育程度低的群体中（尤其是对农村居民）应加强能源节约、节能家电和新能源等方面的宣传力度；在家庭人均收入高的群体中注重高能效、有助于环保健康生活的政策

宣传，在低收入人群中应加大有助于节约生活开支的节能知识和节能窍门的宣传力度。在宣传方式上，对青年群体应主要采取网络、微信、微博等现代方式宣传，对老年群体则应主要采取广播、电视、报纸报刊、宣传车、社区宣传栏等传统方式宣传。积极宣传节约能源的意义与节能知识，引导居民养成健康的消费理念，提高节能意识，避免能源浪费，营造全社会节约能源的良好氛围。

二是大力推广绿色低碳生活方式。首先，倡导绿色低碳消费。坚决抵制和反对各种形式的奢侈浪费和过度消费，推动全民在衣、食、住、行、游等方面向绿色低碳、文明健康的方式转变，如由追求高耗油大排量的汽车向新能源汽车转变，在满足居住舒适性要求的前提下由豪华别墅或大面积房屋向小面积经济实用型住房转变，由大功率家用电器向高能效家电转变，形成节能环保的消费模式和生活方式。其次，引导低碳生活。组织编写低碳生活家庭行为手册，传播在家庭生活中减少碳排放的先进适用方法，引导人们在使用家用电器、家庭照明、用水用气、住宅装修、旧物利用、饮食方式、交通出行等日常生活的各环节中做好节能减排减碳。最后，开展节能家庭、节能社区创建活动。组织开展节能型家庭、节能型社区示范创建活动，引导居民自觉减少能源和资源使用。鼓励居民和社会组织参与节能社区建设与管理。选择一批条件成熟的城镇社区开展节能社区试点，探索有效控制城镇居民生活领域能源消费的途径。

第 8 章　研究结论与展望

8.1　研究结论

本研究通过资料查阅、问卷调查、定性分析与定量分析等相结合的方法对山东省生活能源消费现状、变化趋势、影响因素及未来变化进行了系统研究。首先，通过查阅资料，对当前城乡生活能源消费研究现状以及我国与山东省的生活能源消费、城镇化发展现状进行了梳理与概述，在此基础上，对山东省城乡居民用能现状进行了详细调查与分析。其次，从用能种类、用能量和用能结构等方面，对山东省生活能源消费进行了回顾分析。再次，采用多元线性回归模型、LMDI 分解法对城镇化发展对生活能源消费的影响进行了系统分析；再次，在此基础上，采用时间序列预测法、灰色预测法、二次指数平滑预测法以及组合权重预测法对山东省未来城镇化水平进行预测分析，应用情景分析法对城镇化进程中山东省生活能源消费增量进行了研究分析。最后，在城镇化背景下如何有效降低生活能源消费影响提出了对策建议。主要研究结论如下：

（1）当前城乡居民在能源种类选择、消费水平和消费结构等方面均有不同程度的差异

城乡居民在生活能源种类选择上呈现多样化与差异化。在炊事用能方式上，城市居民主要以天然气和液化气为主，电能为辅，分别占城市调查样本数的 70.60%、18.39%和 8.98%；农村居民则以液化气、天然气、煤和电为主，分别占农村调查样本数的 36.03%、17.60%、16.34%和 15.78%。在采暖方式上，城市居民以集中供暖为主，占调查样本数的 79.92%；农村居民则以土暖为主，占调查样本数的 68.80%。在生活热水（主要用于洗浴、洗漱）获取方式上，城市居民以太

阳能和电热水器获取方式为主，分别占调查样本数的 72.15%和 22.37%；农村居民则以太阳能和燃煤炉灶为主，分别占调查样本数的 46.56%和 36.66%。在交通出行方式上，城市居民日常出行方式由多到少依次为电瓶车、私家汽车、公交车、自行车、摩托车，其中采取前三种方式的占调查样本数的 90.93%；农村居民日常出行方式由多到少依次为电瓶车、私家汽车、摩托车、公交车、自行车，其中采取前三种方式的占调查样本数的 81.61%。

调查区域城乡居民平均能源消费总量差异不大，但各类能源消费水平差异明显。从人均能源消费总量来看，城市居民与农村居民人均能源消费总量分别为 380.22 kg 标准煤和 367.97 kg 标准煤，城市居民人均能源消费总量高于农村居民 12.25 kg 标准煤。从生活能源消费类别来看，农村居民人均住宅能源消费量高于城市居民，数值之差为 29.52 kg 标准煤；城市居民人均交通能源消费量高于农村居民 41.77 kg 标准煤。因此，城市居民人均能源消费总量高于农村居民主要体现在城市居民人均交通能源消费量高于农村居民。从不同能源人均消费量情况来看，城市居民在电力、天然气、热力和汽油方面均高于农村居民，之差分别为 8.50 kg 标准煤、31.48 kg 标准煤、102.91 kg 标准煤和 41.77 kg 标准煤，尤其在热力和汽油上表现得最为突出，冬季采暖与私家汽车已成为城市居民能源消费的最大组成部分。但在煤、秸秆、薪柴、液化气和沼气方面，农村居民均高于城市居民，之差分别为 127.04 kg 标准煤、35.35 kg 标准煤、9.54 kg 标准煤和 0.47 kg 标准煤，尤其在煤和秸秆、薪柴上表现得最为突出，冬季燃煤取暖为农村居民能源消费的最大组成部分。

城乡能源消费结构有待进一步优化。热力、汽油、电力和天然气是城市居民日常生活用能的重要组成部分，其人均消费量分别占人均能源消费总量的 32.62%、29.11%、13.97%和 10.89%，但煤在城市居民能源消费组成中也不可忽略（占比为 9.73%）。农村居民的能源消费结构主要由煤、汽油、电力、传统生物质能源（秸秆、薪柴）构成，其人均消费量分别占人均能源消费总量的 44.58%、18.72%、12.13%、9.61%。煤、薪柴、秸秆等传统燃料仍在农村家庭能源使用中占有较大比重（54.19%）。

（2）过去 20 多年山东生活能源消费量、消费品种构成及生活能源消费强度均发生了变化

1995—2016 年，山东省生活能源消费总量总体呈增加趋势，由 384.61 万 t 标

准煤增加到 2 541.10 万 t 标准煤，增加总量为 2 156.49 万 t 标准煤，年均增加 102.69 万 t 标准煤，年均增速为 26.70%。从生活用能结构变化来看，1995 年，煤炭和电力占据生活能源消费的主要地位，占比分别为 62.71%和 25.41%；2016 年，电力和汽油则是生活用能的主要消费种类，占比分别为 35.58%和 35.44%。山东省居民生活能源消费逐渐打破了“煤炭为主”的基本格局，正向高效化、清洁化转变。与此同时，生活能源消费强度整体呈现波动下行趋势，从 1995 年的 77.65 kg 标准煤/万元下降到 2016 年 53.04 kg 标准煤/万元，年均下降 1.17 kg 标准煤/万元，年均下降率为 1.5%。

（3）山东省城镇化发展对生活能源消费影响分析

① 山东省城镇化发展与生活能源消费关系。通过采用 ADF 检验、协整理论、格兰杰检验等计量统计方法，对山东省城镇化发展与生活能源消费关系进行分析，结果显示，1995—2016 年，山东省城镇化发展水平与生活能源消费存在长期稳定的均衡关系；城镇化水平和生活能源消费量之间存在单向格兰杰因果关系，城镇化水平的提高能够推动生活能源消费量的增加，生活能源消费量的提高不能促进城镇化水平的提升。

② 山东省城镇化发展对生活能源消费的影响。从人均生活能源消费量影响因素来看，家庭常住人口数对城乡居民人均生活能源消费量有显著的负向作用，城市家庭和农村家庭每增加 1 个常住人口，人均消费量将分别减少 14.896 6 kg 标准煤和 58.709 9 kg 标准煤。而家庭人均年收入、人均住房面积对城乡居民人均生活能源消费量有显著的正向作用。城市家庭和农村家庭人均收入每增加 1 万元，人均消费量将分别增加 39.894 9 kg 标准煤和 36.903 4 kg 标准煤；城市家庭和农村家庭人均住房面积每增加 1 m^2，人均消费量将分别增加 6.996 kg 标准煤和 2.552 2 kg 标准煤。在影响人均生活能源消费量的因素中，家庭人均住房面积对人均能源消费的影响度最大，其次为家庭常住人口数和家庭人均收入，且影响度基本相同。

从生活能源消费总量影响因素来看，人口因素、城镇化因素、经济水平因素、生活能源结构因素对山东省生活能源消费均具有正向影响，都正向地推动了山东省能源消费量的增长；消费抑制因子和生活能源强度因素则对生活能源消费均具有负向影响，都抑制了山东省能源消费量的增长。首先，经济水平因素对生活能源消费量增长影响最大，贡献率为 126.54%，其次是城镇化因素，贡献率为 37.86%，再次是人口因素，贡献率为 8.98%，能源结构因素影响最小，贡献率仅为 0.78%；能源强度因素对生活能源消费量的降低影响最大，贡献率为–42.33%，其次是消费抑制因子，贡献率为–31.83%。经济发展、城镇化水平提高分别是推动山东省生活能源消费持续上升的主导因素，人口因素也是导致生活能源消费增加的重要因素，而生活能源强度因素则是促使生活能源消费量下降的主要因素。城镇化因素对煤炭、汽油、液化石油气和电力消费量均具有正向影响，年均贡献分别为 8.36 万 t 标准煤、7.82 万 t 标准煤、2.69 万 t 标准煤和 8.72 万 t 标准煤，贡献率分别为 76.89%、25.04%、89.93%和 31.38%。

③ 山东省城镇化未来发展水平预测。采用时间序列法、灰色预测法、二次指数平滑预测法和组合权重预测法对山东省未来城镇率进行了预测，并采用情景分析法对预测的城镇化率进行了优化。结果显示，未来山东省城镇化水平将持续提高。2020 年山东省城镇化率将达到 65.0%～67.0%，2025 年山东省城镇化率将达到 70.0%～74.0%，2030 年山东省城镇化率将达到 75.0%～80.0%。

④ 未来城镇化进程中山东省生活能源消费量仍将增加。伴随着山东省城镇化发展，未来生活能源消费仍将保持增长态势。基准情景下，到 2020 年生活能源消费总量将增长到约 3 238 万 t 标准煤，是基准年生活能源消费总量的 1.4 倍；到 2025 年达到约 4 211 万 t 标准煤，是基准年的 1.8 倍；到 2030 年达到约 5 476 万 t 标准煤，是基准年的 2.4 倍，生活能源消费增长速度与总量都较大。改善情景下，到 2020 年生活能源消费总量达到约 3 046 万 t 标准煤，是基准年生活能源消费总量的 1.3 倍，比基准情景减少约 192 万 t 标准煤；到 2025 年生活能源消费总量约为 3 677 万 t 标准煤，是基准年的 1.6 倍，比基准情景减少约 534 万 t 标准煤；到 2030 年生活能源消费总量约为 4 438 万 t 标准煤，是基准年的 1.9 倍，比基准情景减少约 1 038 万 t 标准煤。优化情景下，到 2020 年生活能源消费总量约为 2 797 万 t 标准煤，比基准情景少消费约 441 万 t 标准煤；到 2025 年生活能源消费总量约为 3 132 万 t 标准煤，比基准情景少消费约 1 079 万 t 标准煤；到 2030 年生活能源消费总量约为 3 508 万 t 标准煤，比基准情景少消费约 1 968 万 t 标准煤，节能效果可观。

2016—2020 年，基准情景下城镇化效应对山东省生活能源消费贡献量为 250.57 万 t 标准煤，改善情景下为 197.59 万 t 标准煤，优化情景下为 127.33 万 t

标准煤；2016—2025 年，基准情景下城镇化效应对山东省生活能源消费贡献量为 619.01 万 t 标准煤，改善情景下为 436.48 万 t 标准煤，优化情景下为 254.34 万 t 标准煤；2016—2030 年，基准情景下城镇化效应对山东省生活能源消费贡献量为 1 098.03 万 t 标准煤，改善情景下为 724.88 万 t 标准煤，优化情景下为 396.49 万 t 标准煤。

⑤ 生活节能对策与路径。通过现状调研和城镇化对生活能源消费的影响研究分析，山东省城镇化发展对节能工作的影响主要体现在对生活能源消费量、城乡居民节能意识、能源消费行为习惯及新能源使用意愿等方面的影响，在未来城镇化进程中通过不断加强建筑节能、居民交通节能以及节能的宣传教育工作，将有效减缓由于未来生活能源消费量的增加对全省节能减排目标完成的影响。走低碳城镇化发展道路是减少城镇化发展对生活能源消费影响以及降低生活能源消费对节能减排工作影响的必然选择。为降低城镇化发展对山东省节能工作的影响，今后在城镇化发展过程中应从加强能源基础设施建设、加大新能源推广应用力度、继续推进建筑节能、构建低碳出行模式、注重城镇规划、完善节能政策措施及加强节能宣传等方面做好节能减排工作。

8.2　展望

居民生活能源消费按照具体的消耗方式可分为直接消费和间接消费两部分。一般来说，间接能源消费远远大于直接能源消费[120]。本研究只对直接生活能源消费进行了分析研究，未考虑间接生活能源消费（即由食品、衣着、家庭用品、教育文化娱乐服务、医疗保健及交通通信等支出所产生的能源消费）。因此，下一步应加强对间接生活能源消费的研究。

生活能源消费因素众多，本研究仅从经济条件、城镇化水平、生活能源结构、人口特征、生活能源强度、消费抑制因子 6 个单要素进行了分析，忽略了多因素同时变化对生活能源消费产生的影响。因此，今后有必要加强多因素同时变化对生活能源消费影响的研究，以便更客观、真实地反映对生活能源消费的影响。

当前，以降低供暖能源消耗和污染物排放为目标的农村清洁供暖正在我国北方地区大力推进，并已取得显著成效。在实施乡村振兴战略的背景下，农村地区清洁供暖工作对生活能源消费有着怎样的影响，能否有效降低生活能源消费量，应当引起专家、学者及政府的广泛关注。

未来电动汽车的普及将使当前私家汽车的交通能耗逐渐转移为建筑用电能耗，燃油减少而用电增加所带来的生活能源消费的变化效应需要进一步深入调查和研究。

为跟踪监测生活能源消费情况，今后仍需要进一步完善与生活能源消费相关的数据统计工作。为了解生活领域的碳排放情况，今后有必要将城镇化与居民生活能源消费碳排放结合起来进行研究，为生活领域的节能减排提供决策参考。

参考文献

[1] 江凌. 我国生活能源消费影响因素的区域比较及政策引导[D]. 大连：大连理工大学，2014.

[2] 王文蝶. 中国生活能源消费研究[D]. 兰州：兰州大学，2015.

[3] 汪臻. 中国居民消费碳排放的测算及影响因素研究[D]. 合肥：中国科学技术大学，2012.

[4] 张亭亭. 中国居民生活消费的碳排放影响因素分解及实证分析[D]. 天津：天津财经大学，2013.

[5] Jones D W. How urbanization affects energy use in developing countries[J]. Energy Policy，1991，19（7）：621-630.

[6] Dahl C，Erdogan M. Oildem and in the developing world：lessons from the 1980s applied to the 1990s[J]. Energy Journal，1994，15（1）：69-78.

[7] Parikh V，Shukla J. Urbanization，energy use and greenhouse effects in economic development：Results from across-national study of developing countries[J]. Global Environmental Change，1995，5（2）：87-103.

[8] Kenworthy J R，Laube F B. Automobile dependence in cities：An international comparison of urban transport and land use patterns with implications for sustain ability[J]. Environmental Impact Assessment Review，1996，16：279-308.

[9] Ewing R，Rong F. The impact of urban form on U. S. Residential energy use[J]. Housing Policy Debate，2008，19（1）：1-30.

[10] Lenzen M，Wier M，Cohen C，et al. A comparative multivariate analysis of household energy requirements in Australia，Brazil，Denmark，India and Japan[J]. Energy，2006，31（2-3）：181-207.

[11] Pachauri S，Jiang L. The household energy transition in India and China[J]. Energy Policy，2008，36（11）：4022- 4035.

[12] Odum H T，Peterson L L. Relationship of energy and complexity[J]. Architecture and Design，1972，43（10）：624-629.

[13] Odum H T，Odum E C. Energy basis for man and nature[M]. McGraw-Hill，New York，1981.

[14] Halicioglu F. Residential electricity demand dynamics in Turkey[J]. Energy Economics，2007，29（2）：199-210.

[15] 傅定法，徐燕椿，孙可达，等. 二十一世纪浙江省城镇居民生活能源消费模式的预测与探讨[J]. 能源工程，1993（4）：20-23.

[16] 樊静丽，廖华，梁巧梅，等. 我国居民生活用能特征研究[J]. 中国能源，2010，32（8）：33-36.

[17] Chen S，Li N，Yoshino H，et al. Statistical analyses on winter energy consumption chaeacteristics of residengtial buildings in some cities of China[J]. Energy and Builfings，2011（43）：1063-1070.

[18] Chen S，Yoshino H，Li N. Statistical analyses on summer energy consumption chaeacteristics of residengtial buildings in some cities of China[J]. Energy and Builfings，2010（33）：555-562.

[19] Zhou S，Teng F. Estimation of urban residential electricity demand in China using household survey dada[J]. Energy Policy，2013（61）：394-402.

[20] 孙岩，江陵. 城市居民能源消费的群体细分与行为特征[J]. 城市问题，2013（9）：95-100.

[21] 杨亮，丁金宏. 上海市城镇居民直接生活能源消费结构的演变分析[J]. 上海环境科学，2014（1）：221-225.

[22] 孙涵，周丽娜，郭海湘. 中国城镇居民完全能源消费的测算及趋势分析[J]. 中国能源，2014，36（4）：40-44.

[23] 郑新业，魏楚，秦萍. 中国家庭能源消费研究报告（2014）[M]. 北京：科学出版社，2014.

[24] 王效华，冯祯民. 中国农村家庭能源消费的回顾和展望[J]. 农业机械学报，2002（3）：125-128.

[25] 朱四海. 农村能源软化国家能源约束途径分析[J]. 中国农村经济，2007（11）：52-59.

[26] 李广全，聂华林，杨艳丽. 中国农村生活能源消费的区域差异及影响因素[J]. 山西财经大学学报，2010（32）：68-73.

[27] 张咪咪. 中国农村居民生活间接能源消耗与碳排放分析[J]. 统计教育，2010（7）：35-40.

[28] 杨玉含，刘峰贵，陈琼，等. 2000—2008 年青海省居民生活能源消费与碳排放分析[J]. 中

国人口·资源与环境，2011（21）：307-310.

[29] 徐瑶. 低碳背景下农村居民生活能源消费实证分析——给予7省的微观数据[J]. 安徽农业科学，2014（42）：5171-5174.

[30] Wang X，Feng Z. Rural household energy consumption with the economic development in China：Stages and characteristic indices[J]. Energy Policy，2001（29）：1391-1397.

[31] Chen L，Heerink N，Marrit V D B. Energy consumption in rural China：a household model for three villages in Jiangxi Province[J]. Ecological Economics，2006（58）：407-420.

[32] Yao C，Chen C，Li M. Analysis of rural residential energy consumption and corresponding carbon emission in China[J]. Energy Policy，2012（41）：445-450.

[33] Liu W，Spaargaren G，Heerink N，et al. Energy consumption practices of rural households in north China：Baic characteristics and potential for low carbon development[J]. Energy Policy，2013（55）：128-138.

[34] Niu S，Zhang X，Zhao C，et al. Variations in energy consumption and survival status between rural and urban households：A case study of the Western Loess Plateau，China[J]. Energy Policy，2012（49）：515-527.

[35] 张传平. 基于VAR模型的山东省能源消费分析[D]. 青岛：中国石油大学，2011.

[36] 张欢，成金华. 中国城镇化进程对能源需求的动态冲击效应[D]. 武汉：中国地质大学经济管理学院，2011.

[37] 褚志明. 辽宁省城镇化与能源消费的关系研究[D]. 大连：东北财经大学，2011.

[38] 王蕾，魏后凯. 中国城镇化对能源消费影响的实证研究[J]. 资源科学，2014，36（6）：1235-1243.

[39] 林卫斌，谢丽娜，苏剑. 城镇化进程中的生活能源需求分析[J]. 北京师范大学学报（社会科学版），2014（5）：122-129.

[40] 岳文赫，马世骁. 城镇化对山东省城乡居民能源消费的影响分析[J]. 辽宁经济，2015（6）：30-31.

[41] 彭明芳. 中部地区居民能源消费的时空差异分析——基于省际面板的实证研究[D]. 南昌：江西财经大学，2012.

[42] 何梦琦. 城镇化与能源发展的互动关系研究——基于耦合互动的视角[D]. 重庆：重庆大学，2014.

[43] 肖宏伟. 新型城镇化发展对能源消费的影响研究[J]. 当代经济管理，2014，36（8）：12-18.

[44] 王文蝶，牛叔文，齐敬辉，等. 中国城镇化进程中生活能源消费与收入的关联及其空间差异分析[J]. 资源科学，2014，36（7）：1434-1441.

[45] 樊静丽，刘健，张贤. 中国城镇化与区域居民生活直接用能研究[J]. 中国人口•资源与环境，2015，25（1）：55-60.

[46] 郭玉晶. 城镇化过程中我国生活能源消费演变轨迹分析——以西安市为例[D]. 西安：陕西师范大学，2013.

[47] 王宇澄. 我国城镇居民能源消费增长影响因素研究[J]. 城市发展研究，2015，22（8）：c10-c14.

[48] 郭文，孙涛. 城镇化对中国能源区域消费及居民能源消费的影响[J]. 中国环境科学，2015，35（10）：3166-3176.

[49] 刘洪涛，杜娟. 城镇化对居民能源消费影响的投入产出分析[J]. 陕西行政学院学报，2015，29（4）：26-30.

[50] 黄献松. 城市化与能源消费关系的动态计量分析——以陕西省电力消费为例[J]. 城市发展研究，2009，16（3）：92-98.

[51] 赵晓丽，李娜. 中国居民能源消费结构变化分析[J]. 中国软科学，2011（11）：40-51.

[52] 秦翊. 中国居民生活能源消费研究[D]. 太原：山西财经大学，2013.

[53] 张乐勤. 安徽省城镇化水平及能源消费预测[J]. 城市问题，2015（2）：64-71.

[54] 关雪凌. 城镇化与能源消费作用机制及协同发展研究[D]. 徐州：中国矿业大学，2015.

[55] 刘满芝，徐悦，刘贤贤，等. 中国生活能源消费密度的影响因素分解、空间差异和情景预测[J]. 中国矿业大学学报（社会科学版），2016（2）：48-56.

[56] 张传平，傅崇晶. 基于 VAR 模型的山东省能源消费分析[J]. 科学技术与工程，2011，11（32）：8101-8105.

[57] 姜金晓. 我国居民能源消费的现状、问题及对策研究[D]. 保定：河北大学，2011.

[58] 王振红，王黎明，盛科荣. 金融发展和城镇化对能源消费的影响机理研究[J]. 统计与决策，2014（17）：135-138.

[59] 林卫斌，谢丽娜，苏剑. 城镇化进程中的生活能源需求分析[J]. 北京师范大学学报（社会科学版），2014（5）：122-129.

[60] 林卫斌. 城镇化会提高生活用能需求吗？——基于中国 2003—2013 年省际面板数据的检

验[J]. 财经研究，2016，42（3）：41-50.

[61] 陈浩. 城镇化对居民生活能源消费的影响分析[J]. 安阳工学院学报，2016，15（4）：92-94.

[62] 窦义粟，于丽英. 国外节能政策比较及对中国的借鉴[J]. 节能与环保，2007（1）：26-29.

[63] 陈晓婉. 山东省圆满完成“十二五”节能目标考核任务　国家下达 17%山东下降 19.8%[N]. 大众日报，2016-08-16（01）.

[64] 中国建设报. 山东全面深入推进建筑节能[EB/OL].（2015-09-24)[2016-09-06]. http：//www. sdjzjn. com/qgjn/xx. asp？id=1096.

[65] 石霞. 城镇化也要节能减排[EB/OL]. 学习时报，(2011-11-14) [2016-09-06]. http：//theory. people. com. cn/GB/49154/ 49155/16239544. html.

[66] 郑明慧. 河北省能源消费与节能潜力研究[D]. 保定：河北大学，2011.

[67] 赵鹏. 中国城市化进程对能源需求的影响研究[D]. 南京：南京财经大学，2013.

[68] 李嫣怡，刘荣，丁维岱，等. Eviews 统计分析与应用[M]. 北京：电子工业出版社，2013.

[69] 范例，刘德绍，陈万志. 重庆市农村家庭能源可持续消费研究[J]. 西南农业大学学报，2005，8：494-499.

[70] 周曙东，崔奇峰，王翠翠. 江苏和吉林农村家庭能源消费差异及影响因素分析[J]. 生态与农村环境学报，2009，25（3）：30-34.

[71] 王效华，胡晓燕. 农村家庭能源消费的影响因素[J]. 农业工程学报，2010，26（3）：294-297.

[72] 仇焕广，严健标，李登旺，等. 我国农村生活能源消费现状、发展趋势及决定因素分析——基于四省两期调研的实证研究[J]. 中国软科学，2015（1）：28-38.

[73] 苏本营，张璐，李永庚，等. 农民家庭收入提高对能源消费结构的影响——以北京市门头沟区为例[J]. 中国农学通报，2011，27（8）：420-426 .

[74] 韩昀，王道龙，毕于运，等. 影响农村家庭能源消费的主要因素研究——山东省郯城县实证分析[J]. 农业科研经济管理，2014（1）：10-16.

[75] 王虹，王勋，袁东学. 北京生活能源消费状况及影响因素分析[J]. 数据，2009（5）：59-61.

[76] 陈思明. 农村能源消费影响因素的实证分析——基于甘肃省 485 户居民的调查[J]. 农村经济与科技，2014（3）：13-15.

[77] Ang B W，Zhang F Q，Choi K. Factorizing changes in energy and enviornmental indicators through decomposition [J]. Energy，1998，23（6）：489-495.

[78] Fu C，Wang W，Tang J. Exploring the sensitivity of residential energy consumption in China：

Implications from a micro-demographic analysis [J]. Energy Research & Social Scicncc，2014（2）：1-11.

[79] 中国投资咨询网. 山东省绿色建筑与建筑节能发展“十三五”规划（2016—2020 年）[EB/OL]. http：//www. ocn. com. cn/chanye/201609/oblvo12145036. shtml，2016-09-12.

[80] 王庆松. 山东城市化发展战略对大气环境影响研究[D]. 济南：山东大学，2010.

[81] 孙亮. 辽阳地区能源供需预测与农村能源发展对策研究[D]. 沈阳：沈阳农业大学，2013.

[82] 吴德会. 基于动态指数平滑模型的小批量制造过程质量预测[J]. 农业机械学报，2008，39（8）：164-168.

[83] 林伯强. 中国能源需求的经济计量分析[J]. 统计研究，2001（10）：34-39.

[84] Azadeh A，Ghaderi S F，Sohrabkhani G. Annual electricity consumption forecasting by neural network in high energy consuming industrial sectors [J]. Energy Conversion and Management，2008，49（8）：2272-2278.

[85] Lee Y S，Tong L I. Forecasting energy consumption using a grey model improved by incorporating genetic programming[J]. Energy Conversion and Management，2011，52（1）：147-152.

[86] 梁巧梅，魏一鸣，范英，等. 中国能源需求和能源强度预测的情景分析模型及其应用[J]. 管理学报，2004，1（1）：62-67.

[87] 朱永彬，王铮，庞丽，等. 基于经济模拟的中国能源消费与碳排放高峰预测[J]. 地理学报，2009，64（8）：935-944.

[88] Fishbone L G，Abilock H. Markal, a linear- programming model for energy systems analysis：Technical description of the bnl version [J]. International Journal of Energy Research，1981，5（4）：333-373.

[89] Seebregts A J，Goldstein G A，Smekens K. Energy/environmental modeling with the MARKAL family of models [M]//Operations Research Proceedings 2001. Springer，2001：75-82.

[90] Manne A S，Wene C-O. MARKAL-MACRO：A linked model for energy-economy analysis [R]. Brookhaven National Lab.，Upton，NY，United States. Funding Organization：USDOE，Washington D C，United States，1992.

[91] Remme U，Goldstein G A，Schellmann U，et al. MESAP/TIMES—Advanced decision support for energy and environmental planning [M]. Operations Research Proceedings 2001. Springer，

2001：59-66.

[92] Wang Y J，Gu A L，Zhang A L. Recent development of energy supply and demand in China，and energy sector prospects through 2030 [J]. Energy Policy，2011，39：6745-6759.

[93] 国家发展和改革委员会能源研究所课题组. 中国 2050 年低碳发展之路——能源需求暨碳排放情景分析[M]. 北京：科学出版社，2009.

[94] 张丽峰. 中国能源供求预测模型及发展对策研究[D]. 北京：首都经济贸易大学，2006.

[95] Piyush T. An analysis of sect oral energy intensity in India[J]. Energy Policy，2000，28（11）：771-778.

[96] Nicos M C，Sarantis C K，Dimitrios P. Forecasting energy consumption and energy related CO_2 emissions in Greece：An evaluation of the consequences of the Community Support Framework Ⅱ and natural gas penetration[J]. Energy Economies，2000，22（4）：395-422.

[97] Ceylan H，Ozturk H K. Estimating energy demand of Turkey based on economic indicators using genetic algorithm approach[J]. Energy Conversion and Management，2004，45（15-16）：2525-2537.

[98] Haldenbilen S，Ceylan H. Genetic algorithm approach to estimate transport energy demand in Turkey[J]. Energy Policy，2005，33（1）：89-98.

[99] Hunt J S，Judge G，Ninomiya Y. Underlying trends and seasonality in UK energy demand：asectoral analysis [J]. Energy Economies，2003，25（1）：93-118.

[100] Mao J S，Yang Z F，Lu Z W，et al. An Economic Model for Environmental Management and Planning and Its Application[J]. Acta ScientiarumNaturalium Universitatis Pekinensis，2007，4（43）：509-516.

[101] 陆钟武，毛建素. 穿越“环境高山”——论经济增长过程中环境负荷的上升与下降[J]. 中国工程科学，2003，5（12）：36-42.

[102] 邢璐，邹骥，石磊. 小康社会目标下的居民生活能源需求预测[J]. 中国人口·资源与环境，2010，20（6）：131-135.

[103] 刘志茹. 北京市农村生活能源消费分析及其政策研究[D]. 重庆：西南大学，2012.

[104] 申玉玺. 中国产业结构与能源需求情景分析[D]. 上海：复旦大学，2007.

[105] 中国可持续发展能源暨碳排放情景分析课题组. 中国可持续发展能源暨碳排放情景分析综合报告[R]. 北京，2003.

[106] 中国科学院可持续发展战略研究组. 2009中国可持续发展战略报告——探索中国特色的低碳道路[M]. 北京：科学出版社，2009.

[107] 陈吉宁，刘毅，梁宏君. 大连市城市发展规划（2003—2020）环境影响评价[M]. 北京：中国环境科学出版社，2008.

[108] 王迪，聂锐，张炎治. 可持续发展视角下江苏能源需求情景预测[J]. 改革与战略，2009，25（8）：53-56.

[109] 张媛敏. 基于情景分析的农村能源战略研究[D]. 北京：华北电力大学，2010.

[110] 逯曙光，王韵，徐广印. 基于LEAP的居民生活能源与环境情景分析[J]. 河南农业大学学报，2010，44（2）：229-232.

[111] 王菲. 江苏省城市全要素能源效率评价及能源需求情景预测[D]. 南京：南京财经大学，2014.

[112] 刘静. 基于情景分析法的昆明市能源消费需求研究[D]. 昆明：云南大学，2015.

[113] 朱跃中. 未来中国交通运输部门能源发展与碳排放情景分析[J]. 中国工业经济，2001（12）：30-37.

[114] 张学才，郭瑞雪. 情景分析方法综述[J]. 探索与争鸣，2005（8）：125-126.

[115] 陈晓春，蒋道国. 新型城镇化低碳发展的内涵与实现路径[J]. 学术论坛，2013（4）：123-127.

[116] 山东省住房和城乡建设厅. 2015年山东省城市建设统计年报[Z]. 2015.

[117] 龙惟定，梁浩，范蕊，等. 中国城市化进程中的规划节能问题[J]. 建筑科学，2012，28（6）：1-9.

[118] 陈武. 城市化背景下低碳节能城市规划设计措施分析[J]. 中外建筑，2015（1）：124-127.

[119] 张倪. 推进低碳绿色新型城镇化发展需多路径[N]. 中国经济时报，2014-01-13（A10）.

[120] 李艳梅，张雷. 中国居民间接生活能源消费的结构分解分析[J]. 资源科学，2008，30（6）：890-895.